国家自然科学基金项目资助（No. 41171139、40571052、40410204130、40201018）
中央高校基本科研业务费专项资金项目资助（No. GK201303006）
陕西省百人计划特聘教授项目资助（No. 999705、993743）

交通地理与空间规划研究丛书

特大城市批发市场的物流空间格局及其形成机制

曹小曙 主编
潘裕娟 著

商务印书馆
创于1897 The Commercial Press
2017年·北京

图书在版编目(CIP)数据

特大城市批发市场的物流空间格局及其形成机制/潘裕娟著. —北京:商务印书馆,2016(2017.1重印)

(交通地理与空间规划研究丛书)

ISBN 978-7-100-12112-5

Ⅰ.①特… Ⅱ.①潘… Ⅲ.①特大城市—批发市场—物流分析—中国 Ⅳ.①F724.1

中国版本图书馆CIP数据核字(2016)第058222号

交通地理与空间规划研究丛书

特大城市批发市场的物流空间格局及其形成机制

曹小曙 主编

潘裕娟 著

商 务 印 书 馆 出 版

(北京王府井大街36号 邮政编码100710)

商 务 印 书 馆 发 行

北京市艺辉印刷有限公司印刷

ISBN 978-7-100-12112-5

2016年5月第1版 开本880×1230 1/32

2017年1月北京第2次印刷 印张6

定价:40.00元

出版说明

“交通地理与空间规划研究丛书”由商务印书馆和陕西省西北城镇化与国土环境空间模拟重点实验室、陕西师范大学交通地理与空间规划研究所、陕西师范大学西北国土资源研究中心、陕西师范大学旅游与环境学院、中山大学城市与区域研究中心合作出版。

交通运输的本质是能够克服时空障碍。作为塑造空间的主要动力，交通网络一方面占据实际的地理空间，另一方面又是影响人类活动空间的主要载体。交通运输发展的格局、过程、机理、趋势以及效率与效益是交通地理长期关注的研究领域。

陕西省百人计划特聘教授曹小曙为本丛书的主编。本丛书聚焦交通地理的前沿基础研究，并将基础研究与空间规划应用研究紧密结合，出版有关交通地理与空间规划等方面的系列著作，希望海内外学术同人给予我们批评、建议，并欢迎来稿（yantingzhen@cp.com.cn）。

商务印书馆编辑部

2013年10月

前　言

现代物流业已逐渐发展成为城市的主导产业，尤其在我国特大城市中，物流业的发展对城市的经济发展起着重要作用。但是，由于物流业在我国的起步较晚、缺乏长远规划、管理不完善等原因，其经营给城市带来了不少负面效应，近年来更是成为政府和公众的关注热点。在学术研究领域，虽然我国流通学者、管理学者对城市物流给予了较多关注，但从空间视角进行研究的成果不多；即便是在经济地理学领域，学者也往往忽视了城市物流的空间格局研究。作为我国特大城市之一的广州，人口规模过千万，自古以来就是我国重要的通商口岸和货物集散地。因此，广州的商贸活动极为活跃，有着“千年商都”的美誉。作为商贸活动的重要组成部分，批发业一直在广州的经济活动中起着重要作用。批发业具有“大进大出”的特点，批发市场所产生的物流活动无疑是城市物流的重要组成部分。因此，本书以广州为案例地，从“结点—流—网络”角度揭示批发市场的物流活动空间格局，并探讨其形成机制，期望能增进对特大城市批发市场物流的认知和了解。本书通过两个多月的实地调研、派发 2 000 多份问卷，获得了较为翔实的第一手资料和相关统计资料，并综合采用遥感影像解译、GIS 空间分析、社会网络分析、基本/非基本经济活动分析等方法对资料进行整理和分析。

本书首先探讨了批发业和物流业在广州经济活动中的地位和作用。从就业人口的比重看，两行业的就业人口占全市第三产业就业人口的比重分别位居第一、二位，两者之和高达25%。物流业在广州的经济发展中起着重要作用，并具有良好的竞争优势，对于批发贸易活动的顺利进行具有强大的保障作用。

在分析广州批发市场（结点）的空间格局中，本书借助遥感影像解译、GIS空间分析等技术手段，发现批发市场具有明显的向心性布局偏好；在其时空演变过程中，集聚与扩散作用同时发生，也导致了其郊区化进程的出现。不同类型的批发市场具有各自的空间特征，农副产品市场从城市核心（内环路内部区域）向外围递增、文体用品市场从城市核心向外围递减的趋势明显；日用品市场和建材市场也呈现出从城市核心向外围递增的趋势；纺织品市场、皮材皮具市场以及汽车用品市场主要集中在城市中心圈层（内环路与环城高速路之间的区域）。专业批发市场在一定地域空间上的集聚不断加强，并形成了21个批发市场群。

基于对21个批发市场群的商户调查，本书借助社会网络理论、经济基础理论和场论分别对批发市场的供应物流网络和销售物流网络格局进行研究，得出批发市场的货物流动具有明显的“两头在外”特征，即货物的供应和销售都以城市外部区域为主；在与外界联系中，形成了建材、布匹、花卉等货物的规模流动；从整体看，城市内部形成西强东弱、南北低的不均衡流动格局；珠三角、省外城市和白云区是物流网络的核心结点（这也反映了广州批发市场的辐射范围有限，辐射力主要集中在中国大陆，对国外客商的辐射还相对较弱）。按货物流动空间的主要特征，全市批发市场群可以分为三种类型，一是“两头在外型”（即主要的供应地和销售地均在城市外部区域），占批发市场群总数的52.38%；二是“外供内销型”（即主要的供应地在城市外部区域，而主要的销售地在城市内部区域）；三是“内供外销型”（即主要的供应地在城市内部区域，而主要的销售地在城市外部区域)，它们均占市场群总数的 23.81%。

本书在对批发市场物流空间格局探讨的基础上，分析其形成机制。首先从影响因素入手，认为自发性、政府行为、市场作用、交通条件、土地资源、人流量等是影响批发市场空间布局的重要因素，它们在市场成长的不同阶段所起的重要性具有差异；源地的推力、目的地的拉力、两地间货物流动的阻力和保障力是货物流动空间格局的重要作用力因素。然后对各因素进行归纳与综合，认为广州的城市性质以及良好的物流服务，使得批发市场在广州集聚，也导致了珠三角、省外城市成为物流网络的核心结点；而城市外部所形成的庞大的产业集群则是这种空间格局的重要支撑。交通、人口、土地等要素的空间差异以及政府行为、市场因素和商家自发性行为等因素共同作用于批发市场的微观区位选择及其经营活动，导致市场的空间布局不均衡。在批发市场空间演变过程中，集聚与扩散作用同时发生；市场在发展过程中积累的惯性进一步促进了批发市场的集聚，从而加剧市场的空间不均衡格局。这种不均衡格局是城市内部形成西强东弱、南北低的不均衡流动格局的重要原因。另外，掌握众多的产品资源以及密集的物流基础设施，是白云区成为城市内部及外部物流网络重要结点的主要因素。批发市场在经营中产生的正面效应和负面效应反过来又影响了市场的微观区位选择。

本书对广州批发市场的物流空间格局及其形成机制进行研究，期望能有助于加强经济地理学中对物流活动空间及批发业区位的研究，也期望能为特大城市批发业和物流业的优化方向、未来相关规划及空间政策的制定提供参考。

目　录

第一章　总论

第一节　研究背景

一、理论背景

(一)批发市场的物流活动是城市物流的重要组成部分

城市物流是城市尺度上的物品实体流动,空间上涉及城市与城市之间、城市内部的货物流动。按照活动范围,城市物流包括了生产、流通和消费领域。图1—1反映出城市货物流动的两种主要模式,一是生产商—批发商—零售商—消费者,二是生产商—零售商—消费者。批发是指在生产商与非消费者(即批发商、零售商)之间进行的、供转卖或生产加工使用的、整批商品的大宗买卖方式,是相对于零售而言的(张立中,1993)。因此,批发商所涉及的物流活动是城市物流的重要组成部分,并具有批量大、批次少的特点,一般采用货车等大型的交通运输工具。而批发市场是批发商的重要活动场所之一,也是商品流通的主要渠道,批发市场所产生的物流活动无疑是城市物流的重要组成部分。

另一方面,随着科学技术的不断进步和交通运输网络的日益完善,批发商(尤其是中小型批发商)的物流外包方式日趋普遍,使得批发市场的商品交易功能与物流功能的分离得以实现。但是,从活动空间看,两者的空间分离并没有实现,批发市场与货运站、仓库等城

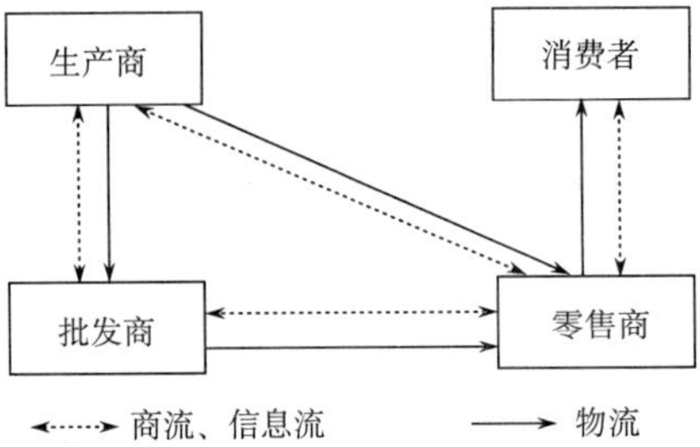

图 1—1　货物流动模式

市主要的物流结点具有“共生性”，即批发市场布局的地域往往也是这些物流结点的集聚区域。因此，批发市场在经营过程中逐渐成为城市最繁忙的物流结点之一，其产生的物流活动对城市环境造成较大影响，也是城市物流运作方式改进、效率提高和空间优化的关键所在。

（二）经济地理学对流通现象的研究有限

1. 关于研究内容

流通是指商品或服务从生产领域转移到消费领域的过程，是连接生产和消费的桥梁。按照完成功能，流通可以分为商流、物流和信息流（汤宇卿，2007）。其中，商流是商品从生产领域向消费领域（包括生产消费）运动中一系列价值形态变化和所有权转移过程（代永华等，2009），包括批发和零售两种活动；物流是物品的实体流动，是实现物品使用价值的过程，一般认为，运输和仓储是物流活动的两大支柱。信息流是流通过程中流通信息的收集、加工、处理、储存、检索、传递和运用（张建华，2005），由物流信息流和商流信息流组成；从这个角度看，流通实质上包括商流和物流两大部分，其中商流包括批发和零售（图 1—2）。

从研究内容看，过去经济地理学一直重视生产与消费领域的研

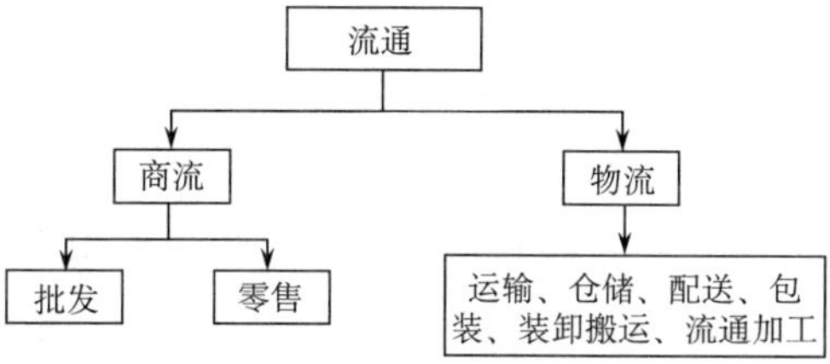

图 1—2　流通系统结构

究，对流通与分配领域的研究相当有限（吕拉昌等，2003）。对流通领域的研究内容上，文献多集中在零售业和物流业的静态布局层面，如零售网点、物流企业和物流设施的空间布局，缺乏动态的“流”研究；同时，对零售与物流、批发与物流的综合研究也不多见。现阶段，“物流”和“商流”的不匹配，已经成为广州市传统批发市场发展中最突出的问题之一（魏颖，2008）。随着物流活动在批发业中的作用日益重要，近几年来对批发与物流的研究有所增加，主要是从管理学的视角探讨批发市场的物流现状、问题和发展、规划建议等（杜建红等，2003；肖怡，2005；吴松，2006；李立文，2007；刘文刚，2007；赵剑，2010；徐臣攀等，2011；于艳红，2011），对批发业所涉及的物流活动空间研究则较少。流通的现代化发展包含了流通职能分工的不断深化，传统经济体制下商流、物流和信息流“三流合一”的模式，目前正在向“三流分离”的高级形式转变。随着物流作为“第三利润源”地位的确立，物流体系的建立和创新将对批发业的发展起到越来越重要的作用（续秀梅，2004）。

2. 关于研究所采用的理论和方法

从研究所采用的理论和方法看，传统的经济地理学理论对批发业、物流业的研究已不适用。区位论是经济地理学的基础理论之一，其中对农业、工业的布局以及城镇体系的研究较为典型和成熟，如杜能的农业区位论、韦伯、帕兰德和胡佛的工业区位论、克里斯塔勒和廖什的中心地理论等;零售业布局的理论基础仍然是克里斯塔勒的中心地理论。显然,区位论中对批发业的研究较为缺乏,20世纪40年代胡佛在其工业区位论里从商品移动过程中费用变化的角度涉及了对批发业的区位研究,但直到1970年才有学者对批发业区位进行专门研究,两者相隔近30年。此后,对批发业区位的研究文献仍然相对较少;这说明经济地理学中相关理论的缺乏,同时也说明了适用于零售业的理论基础——中心地理论在某种程度上并不适用于批发业的研究。

在研究两地之间的相互关系或联系强度方面,传统的经济地理学多采用引力模型,认为两个地方的吸引力与两地间的距离成反比,与两地的规模成正比,并将引力作用的大小看作是两地之间联系的强弱程度。笔者认为,这种方法带有较强的估计性,并未真实反映出两地的联系实际情况。同时,在对物流现象的区位研究中,学者们受中心地理论思想的影响较为深远,大多都设法去探求活动现象所形成的层级关系(纵向联系),而基于网络的角度对现象的研究不足,即对结点间的横向联系及其形成机制的探讨较少。

3. 商业地理学对零售业布局研究的侧重

对批发业布局的研究属于商业地理学的范畴,商业地理学是研究商品生产和商品流通的地域分布及组合在时间和空间上发展变化规律的科学(陈福义等,1985)。但在该领域中,学者对零售商业网点的研究明显占了主导地位。我国商业地理学的发展始于1984年(周春山等,2004),20世纪80年代,国家经济体制改革进程不断推进,城市的商品流通网络正面临着重新调整和适应的局面。在60年代引入的中心地理论恰好为商业的理论和实践研究提供重要支撑。几乎整个20世纪80年代,学者们均热衷于运用中心地理论的思想来探讨城市的零售商业(徐放,1984;蔡渝平等,1985;柯建民等,1986;吴郁文等,1988)。直到20世纪90年代末,学者对批发业的关注才日益增加。原因是批发业是在改革开放后发展起来,到了这一时期已有20多年的时间,面对当时我国经济的高速发展、WTO的加入、商业格局变化、JIT配送的发展,批发业经营出现了很多问题,学者对其进行了大量的探讨和研究。但这些研究中大部分是从批发业的静态布局出发,探讨其布局特点、区位因素等。

即使在流通经济领域,流通学者也是对流通系统中的零售商业关注较多,很少有专门对批发商业进行的研究(夏春玉等,2006)。

4. 物流领域的研究偏向非空间层面

与客流研究相比,城市物流的研究相对受到忽视。西方学术文献中最早强调城市物流重要作用的文献之一是*Urban Freight and the Metropolis*,该书研究了纽约都市区及其城市货运(Chinitz,1960)。直到20世纪70年代,由经济合作与发展组织(OECD)和(美国)公路研究委员会(HRB)在巴黎和华盛顿召开的两个国际会议才大大提升了城市管理者和学者们对城市物流的关注(Ogunsanya,1984)。20世纪90年代中期以后,城市物流受到学者的较多关注,主要集中在两个方面:一是政策措施研究,旨在提高城市物流的效率或者是降低其对环境的负面影响;二是物流建模,目的是模拟、预测交通流和交通需求。由于研究城市物流的两个传统学科是管理学(经济学)和运输学,它们对这一主题的空间特性关注不多(Hesse and Rodrigue,2004)。即便在经济地理学中,传统的产业布局理论关注原材料的物理位置,以及生产和消费活动,而很少去关注这些布局之间的联系;同时,物流功能过去一直被看作是生产过程的间接性、辅助性支援服务,提供的是诸如运输、仓储等劳动力密集型服务(Aoyama et al.,2006),更加导致了学术中对物流研究的忽视。Hesse(2008)认为,作为城市形态的一个影响因素,物流活动日益重要,意味着在地理学科中这项活动的空间效应将日益突出。

我国在20世纪70年代末才从日本引进“物流”一词,所以无论在现代物流业的发展方面,还是学术研究方面,都起步较晚。经济地理学中对物流的研究主要在交通地理学的基础上发展起来,成果相对较少,而且偏向于交通网络、交通结点的研究。总体上,我国物流地理的研究集中在六大方面。一是路网研究。涉及可达性分析(包括综合交通网、公路网和铁路网)、交通结点体系分析(机场和港口)、物流园区的规划建设;缺乏仓储设施和货运设施的研究。二是货流的空间联系。主要为国家、区域层面的海上集装箱运输、铁路货物运输,及零星的公路货运、航空货运。以王成金、金凤君、曹有挥和韩增林等学者的研究居多。三是物流产业。主要是区域、城市层面的物流业现状、竞争力及对策分析。四是物流与区域发展的关系。涉及交通经济带(含高速公路产业带)、物流与区域经济增长的关系研究。五是行业物流。主要是跨区域的煤炭和原油资源的流动格局分析。六是物流企业布局及其空间组织的探讨,主要有王成金、宗会明、千庆兰和曹卫东等的研究。

可以发现,学者对物流的研究多偏向于非空间层面,即便是物流空间的研究,也多缺乏综合性、系统性和动态性,尺度上多涉及宏观和中观层面,如探讨国家之间、省际之间和城市之间的货物流动,而城市内部的研究成果则相对少见。

二、实践背景

(一)广州正处于产业转型升级阶段,流通业迎来良好的发展机遇

广州市位于珠江三角洲北缘,是我国特大城市之一,现辖荔湾、

越秀、海珠、天河、白云、黄埔、番禺、萝岗、南沙、花都、增城和从化 10 区 2 市，土地总面积 7 434.4 平方公里，常住人口 1 270 万（第六次全国人口普查），2011 年地区生产总值高达 10 748 亿元，其中第三产业增加值的比重达 62%。

在 2008 年底国务院批复的“珠江三角洲地区改革发展规划纲要（2008～2020 年）”中，广州被定位为“国家中心城市”和“综合性门户城市”。从广州第三产业增加值占全市 GDP 的比重看，20 世纪 90 年代末起广州的产业转型升级开始加速（1998 年第三产业增加值的比重开始超 50%），随后的十多年间，第三产业的比重不断增加，到 2009 年就超出 60%；第三产业就业人口占全市总就业人口的比重也于 20 世纪 90 年代末起不断上升，2010 年超过 50%（图 1—3）。现广州逐步形成以现代服务业为主的产业结构，重点发展现代物流、金融保险、商务会展、信息服务、科技服务、文化创意等服务业。

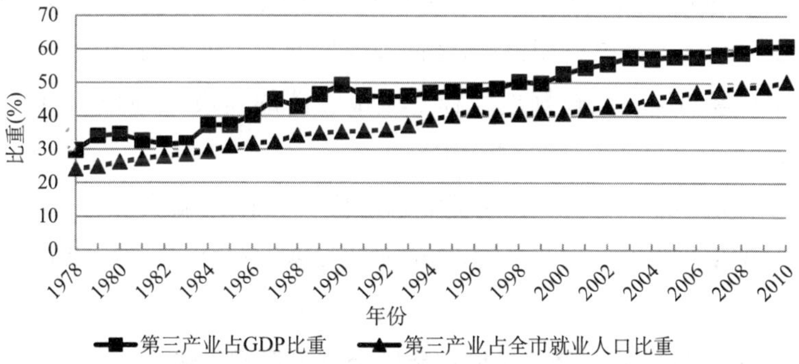

图 1—3　1978 年以来广州第三产业占全市 GDP、就业人口比重

资料来源：根据广州市 1979～2011 年统计年鉴的相关数据计算而成。

显然，作为第三产业的重要组成部分，流通业（一般指批发业、零售业、物流业，2011 年三个行业占广州第三产业增加值的比重高达

32%)在未来十年内将迎来良好的发展机遇,且对于强化广州"十二五"规划中明确提出的"国际商贸中心"的城市功能具有重要作用。

(二) 物流业对城市的发展具有重要作用

这里建立物流业和GDP的回归模型来分析物流业对广州经济增长的影响。由于物流业没有专门的统计数据,现以1978～2010年广州统计年鉴上的"交通运输、仓储和邮政(电)业"指标作为物流业的发展规模指标(WLY),城市经济指标用地区生产总值(GDP)来说明。

首先,为了消除时间序列数据可能出现的异方差现象,对上述两个变量取自然对数,得到新的变量序列,分别记为lnGDP、lnWLY。然后,对两列数据进行单位根检验,经1次差分后为平稳序列,而对它们进行协整回归后得到的残差序列也是平稳的,说明两个变量之间存在(1,1)阶协整关系,即它们之间存在长期稳定的均衡。最后,在SPSS软件中进行Pearson相关性分析和回归分析,结果显示:①"Pearson"的相关性为0.994,显著性(双侧)结果为0.000,说明物流业与经济发展具备相关性;②回归模型的拟合度较高,相关系数为0.988,说明该模型较好地解释了城市经济的发展;③回归方程为:$\ln GDP = 1.223 + 1.068 \times \ln WLY$。

因此,可以认为,广州物流业每增长1个单位,就会引起GDP增长1.068个单位。也就是说,物流业的发展,有效促进了广州的经济增长。

(三) 批发业的经营给城市环境带来了严重影响

作为一个商贸城市,且是我国的特大城市之一,广州聚集了1 000多家的批发市场,批发贸易活动十分活跃,但批发市场所产生的物流活动却是影响城市环境的重要因素之一。目前,广州市的批发市场商户基本上实现"商物分离"的经营模式,即他们的货物收发基本上外包给货运公司,形成了商流功能跟物流功能的分离。

但是，正如上述所言，两种功能在空间上并没有分离，广州目前绝大多数批发市场内部或周边区域均分布有为数众多的货运站（或货运中心）和仓库。再加上批发市场内物流与商流的严重不匹配、物流效率普遍较低等因素，导致批发市场成为了广州市最繁忙的物流结点之一。

下面几则新闻报道普遍反映出批发市场在经营过程中给城市带来的严重影响。

西槎路、增槎路一带的红绿灯较多，马路两旁的批发市场、货运站场密集，马路上的大型拖挂车运输繁忙；此外，还有停放在路边的大货车。到了下午6点，这些货车和过路的客车、小汽车混在一起，造成严重的交通拥堵，是广州市民下班“避而远之”的地方。

——《广州日报》，2011年3月30日

广州市政府日前出台的拥堵点治理计划，将中大布匹市场等传统拥堵区域纳入重点整治范围……中大布匹市场片区，一直是广州交通的传统黑点，道路两边的人行道经常被临街的商铺货物、流动小贩和运货的机动车、三轮车堵得水泄不通，此次也被纳入重点整治的对象……一名姓黄的老伯对记者说，自己在这里住了十年，就看着中大布匹市场乱了十年，他觉得，这里的交通问题，只能通过让市场搬家来解决，至于此次治理计划中提到的路网优化，黄伯觉得没什么希望。

——《南方日报》，2011年8月30日

2011年9月8日晚，广州多条交通干道集体出现慢镜头，全城交通近乎瘫痪……导致全城堵塞的源头在增槎路江南果菜批发市场。临近中秋，周边很多城市的水果档主前往批发水果，货车数量激增，使该路段堵塞严重……昨日上午，记者来到江南果菜批发市场，发现不仅市场内车水马龙，部分出入口更是有7～8辆大卡车塞着，等候进场。

——《广州日报》，2011年9月9日

以上几则新闻反映出，虽然广州的批发业、物流业规模庞大，对城市的经济发展起着重要作用，但由于规划、管理等多方面原因，批发业的物流活动对城市环境产生了严重影响，如其所导致的交通拥堵、噪声污染等严重滋扰了居民的日常出行及生活，也使城市的经济活动效率下降，经营环境恶化。近年来，城市各方关于城区内批发市场和货运市场整治、搬迁的呼声日益高涨，政府为此也出台了相关的办法和意见。例如，2005年广州市政府制定了"关于进一步促进我市道路货运业发展的意见"和"关于优化我市道路货运市场管理的实施方案"，计划用三年的时间，将全市的货运市场按照"调整中心区、控制过渡区、鼓励发展区"的策略进行优化；2009年公布的"广州市工业品批发市场建设管理规范(暂行)"，提出要大力发展展贸型市场，鼓励传统批发市场经过升级改造建设，向现代展贸市场转型发展；2011年公布的"广州市关于改善中心城区交通状况的工作措施"，内容包括推进中心城区货运市场的清理、整治和搬迁，以及实施批发市场的转型升级格局调整。

值得注意的是，政府多次对批发业、物流业进行整治、优化，但效果并不理想，经常有"治标不治本"之嫌，往往整治过后很快又"死灰复燃"。笔者认为，造成这种现象的其中原因之一是政府在决策过程中，考虑的只是行业的表面现象，缺乏现象背后的本质思考和对行业的动态把握。例如，批发市场经营的负面影响，主要是由于物流与商流的不匹配所引起，要解决"批发市场物流活动如何开展及物流空间如何优化"的问题，首先要弄清楚以下问题：批发市场的物流活动在空间上是如何组织的？是否具有某些特征？而不同类型批发市场的空间特征又如何？存在哪些异同？所有的这些特征怎样形成，背后的原因是什么？只有弄清了这些问题，才可能为城市批发业及物流业的空间优化提供决策参考依据。

因此，在上述分析的理论背景和实践背景下，本书以批发市场为切入点，研究其物流活动的空间格局及形成机制，希望能够给特大城市的批发业、物流业空间优化提供一定的参考依据。

第二节 研究目的与意义

一、研究目的

（一）批发市场的物流空间格局特征

广州市批发业、物流业正处于蓬勃发展阶段，究竟批发市场的物流活动在空间上如何组织？批发市场的布局、货物的流动以及它们所组成的物流网络在空间上是否存在一定的规律性和自身特征？

（二）物流空间格局的形成机制

是什么因素，以及各因素间如何相互作用，最终形成了广州批发市场的物流活动空间格局？本书所总结出来的形成机制能否为同类研究提供借鉴、参考之用，并为城市批发业、物流业的空间优化提供一定的参考依据？

二、研究意义

（一）理论意义

1. 加强对物流空间的研究

传统的经济地理学偏重生产和消费的研究，对物流的研究较少涉及；空间尺度上侧重于国家、区域或城市之间的货物流动，对城市内部流的研究不足。本书以广州为案例,认为批发市场是城市内部重要的物流结点,并基于城市尺度,研究了城市与外部区域之间、城市内部各区域之间,以及批发市场内部的货物流动。

2. 加强对批发业区位的研究

相对于零售业而言,商业地理学和流通领域对批发业的关注度相对较小,对批发业区位的研究则更少涉及。本书将批发市场看作主要的物流结点,对其空间布局、时空演变及影响因素进行了较为深入的分析,加强了经济地理学中对批发业区位的研究。

(二) 实践意义

1. 增进对我国特大城市物流空间格局的认识

批发市场所产生的物流活动是城市物流的重要组成部分。广州具有典型代表性,无论是城市的人口规模、经济水平还是物流业发展,都位居全国城市前列。本书以广州为案例,通过城市内部众多的批发市场研究其物流活动的空间格局,可增进对我国特大城市物流空间格局的认识,并有利于日后城市之间的比较和经验借鉴。

2. 为广州批发业和物流业的空间优化提供决策参考依据

对广州市批发市场的物流空间格局及其形成机制的研究,有助于揭示城市物流的空间特征及其流动规律,进而为城市批发业、物流业的优化方向、未来城市相关规划的编制、空间政策的制定提供决策参考依据。

第三节 基本概念与理论基础

一、基本概念

(一) 城市物流

城市是一个开放系统,城市的发展离不开与城市以外区域的相互联系。城市对外经济联系中以有形的物流和人流对城市发展的影响最直接(周一星,1998)。文献中对城市物流的概念界定,主要来自管理学的视角,如 Taniguchi et al.(2001)认为城市物流是在市场经济框架内,考虑交通环境、交通拥堵和能源消耗的同时,对城市内私营企业的物流活动进行全优化的过程。有学者将城市物流看作是供应链中每一客户向供应商采购商品的决策结果(Wisetjindawat et al.,2006)。Dablanc(2007)把城市物流定义为促进城市里货物移动的最优化管理的所有服务供应。我国物流学者将城市物流看作是区别于与国际物流、区域物流的一种物流活动。也有从空间的角度把城市物流定义为受到城市交通和城市形态的特殊性影响的货物移动(Sustainable distribution,1999)。Ogunsanya(1982)指出,城市背景下的货物流动有四种基本类型:城市进口流、城市出口流、城市转运流和城市内部流。当然,这里的"进口"和"出口"与它们在国际贸易中的含义不完全相同,"进"跟"出"仅相对于一个城市的边界而言,若把城市转运流看成是城市进口流和出口流的结合,那么城市物流分为三部分:城市进口流、出口流和内部流。

物流就是物品的实体流动,结合经济地理学与物流管理学两大领域特点,笔者认为城市物流就是城市尺度上的物品实体流动,涉及两个层面:一是城市与外界地域所发生的物流活动,包含城市进口流和出口流;另一是城市内部的物流活动,即上述提到的内部流(图1—4)。无论是何种层面的物流活动,都是在城市内部的物流要素基础之上开展的,这些要素主要包括物流基础设施(如物流园区、货运站、交通网络等)、物流企业、物流从业人员等。

(二) 批发市场

批发市场是商品流通的重要渠道,是批发业的重要组织形式。根据我国"批发市场管理办法"(1994),批发市场是指为买卖双方提

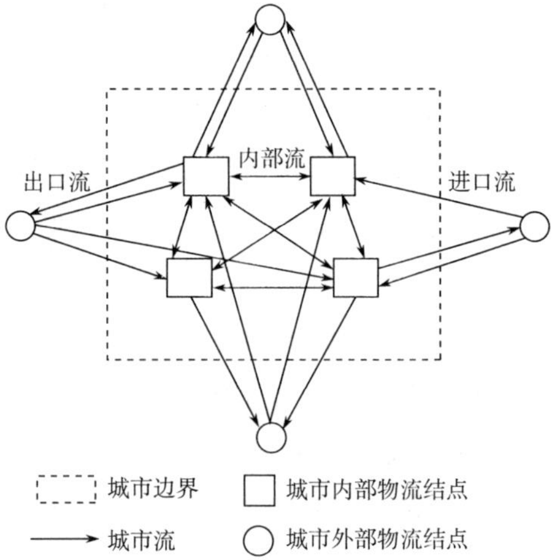

图 1—4 城市物流的空间表现

供经常性的、公开的、规范的进行商品批发交易，并具有信息、结算、运输等配套服务功能的场所。欧开培等(2007)分别从场所论和组织论的角度对批发市场进行了定义，认为批发市场是商品经营者专门从事商品批量交易的场所，其批发的对象主要是企事业机构，而不是最终消费者；批发市场是一种流通中介组织，专门为商品批量交易活动的双方提供服务。

批发市场有多种类型，依据所在地的产业特征和区位优势，可分为产地型、销地型和集散地型；依据所涵盖商品的专业化程度，可分为专业型和综合型；依据所交易的商品对象，可分为农产品、工业消费品和生产资料批发市场三种类型；依据发展阶段，可分为低级、中级和高级批发市场或者传统型和现代型批发市场(张春生，1997；欧开培等，2007)。

在中国，批发市场几乎涵盖各种商品，广泛分布在农副产品、服装纺织品、日用工业品、生产资料等众多领域，是中国市场经济的一大特色(徐印州等，2003)。而在国外，工业品批发市场比较少见，因此国外的批发市场一般指水产品、鲜活产品等农产品批发市场。农产品批发市场是农产品营销体系的重要组成部分，联合国粮农组织(FAO)在20世纪下半叶开始就一直关注各地的批发市场发展问题(Seidler，2001)。农产品物流模式主要有两种(俞菊生，2003；贾会棉等，2005)：一种是以美国为代表的欧美模式，另一种则是以日本为代表的东亚模式。在欧美模式中，农产品在批发市场外部的流通规模较大，如美国果蔬的批发市场流通率只有10%～20%(丁俊发，2002)；而在东亚模式中，农产品经批发市场的流通率高达80%以上。两者的差异主要是因为农业生产规模、大型超级市场的发展差异造成，欧美地区的农业生产规模较大，且经销农产品的大型超级市场的发展十分繁荣，使得农产品经批发市场流通的比重较小；而东亚地区的情况则相反。

国外批发市场经营和管理具有以下四方面特色：健全的法律体系；以政府为主设立批发市场，并具有严格的准入制度；有组织的农民协会或强大的中介参与商品流通过程；现代化的交易方式和手段，如拍卖、协议交易等。

(三) 物流空间

空间结构的要素主要包括点、线(流)和网络。其中，点是活动的结点；流是结点之间的要素流动，如人流、物流、信息流和资金流等；线一般由交通通信等基础设施组成，是要素流动的通道和途径；网络就是由点、线及流所组成的具有特定功能的整体(陆玉麒，1998)。可以说，点、线、面是商品流通空间模式构成的基本元素，商流、物流、信息流是商品流通空间相互作用的基本形式(晏宗新等，1999；代永华，2009)。

因此，物流空间就是由各种物流结点、流（通道）、网络和域面相互作用、紧密结合在一起的具有特定的经济内涵和功能的空间形态。

在本书中，物流结点是指与批发市场的货物流动相关的结点，主要指批发市场，当然还包括货运站、仓储设施及其他相关结点；物流界定为批发市场进行交易所产生的货物流动，包括流向和流量；物流网络则为结点和货流组成的网络。

二、理论基础

本书主要从人文地理学的学科视角探讨城市物流的重要组成部分——批发市场的物流活动，空间格局是研究的核心内容之一，因此空间结构与空间组织理论是本书重要的基础理论，支撑了本书的研究主线。本书在对批发市场布局、时空演变的分析基础上，分别从供应物流网络与销售物流网络两个方面剖析城市物流的空间格局；考虑到两方面具有不同的空间特征，本书分别采用了社会网络理论和场论对它们进行研究。

（一）空间结构与空间组织理论

20 世纪 30～40 年代，在区位论的基础上发展了空间结构理论。空间结构的最基本含义是人类经济活动作用于一定地域范围所形成的组织形式（陆玉麒，1998），其要素主要包括点、线（流）和网络。其中，点是活动的结点；流是结点之间的要素流动，如人流、物流、信息流和资金流等；线一般由交通通信等基础设施组成，是要素流动的通道和途径；网络就是由点、线及流所组成的具有特定功能的整体。与区位论着眼于各种单个社会经济事物和现象的最佳区位不同，空间结构理论研究问题的目标及着眼点是各种客体在空间中的相互作用及相互关系，以及反映这种关系的客体和现象的空间集聚规模和集聚程度（陆大道，1988）。

因此，可以认为网络中的要素流是结点相互作用的结果。空间相互作用在空间结构理论中占有重要地位，乌尔曼在 20 世纪 50 年代就提出了空间相互作用的概念，并认为其基本要素包括可转移性、互补性和中介机会。学者普遍认为，两点之间的相互作用，其作用量随地理距离的增加而降低，这就是所谓的距离衰减原理。很多地理学者运用该原理来研究零售业、城市体系等，并结合前人提出的引力模型、位势模型、断裂点模型等来估计两点之间的相互作用潜力。在这些研究当中，学者往往使用的是结点的属性数据，如人口、经济活动规模、两点之间的距离等，测算结果难免与两点间相互作用的实际情况（如要素流动规模）有所偏离。当然，要得到两点间实际的要素流动规模需要通过繁重的实地调查工作所得，而且要素的流动有多种类型、多种方式和渠道，相关信息的收集是一个极为复杂的过程。

（二）经济基础理论

城市经济基础理论（Economic Base Theory）的思想始于 20 世纪 20 年代，Aurousseau（1921）认为城市增长是由于市民的主要职业和次要职业之间的关系。主要职业与城市职能直接相关，次要职业维持从事主要职业的人们的生活（福利）。经济基础理论产生之初就是用于解释城市的增长机制，并具有预测人口和就业规模的作用，因此受到地理学者、城市管理者和规划师们的青睐。其模型的核心是将城市的总经济活动划分为基本和非基本两部分①，并认为基本活动是地方经济增长的首要因素（Andrew，1992）。对城市经济活动进行基本—非基本划分后，可以计算乘数 M，得出基本活动部分每增长 1 个单位，可给城市总经济活动带来 M 倍的增长。

---

① 基本经济活动在西方过去的文献中又被称为出口活动，主要指生产的货物或服务是满足城市外的消费需求的活动；非基本经济活动是指生产的货物或服务是满足城市本地需求的活动。

紧跟着20世纪20年代思想的产生，从30年代开始，出现了对基本—非基本经济活动的划分方法。这些方法主要包括估计法、调查法、区位商法、最小需要量法和Mathur—Rosen方法。早期的研究中首先采用估计法，如Sombart、Richard、Hoyt、Roterus等人分别对德国柏林、美国大纽约地区和辛辛那提等地通过估计得出基本/非基本活动的比率(Krumme，1968；Hartshorne，1936；Regional Plan Association of New York，1944；City Planning Commission，1946)。由于估计法带有明显的主观判断色彩，部分学者开始使用更客观的方法——调查法。1937年，美国《财富》杂志通过3 000多个家庭的普查和大量企业的访谈、问卷调查，得出艾奥瓦州奥斯卡卢萨的基本/非基本活动比率为100∶65(Alexander，1954)。虽然调查法最为客观，但该方法的工作量大、成本高，加上居民及公司收入等关键数据难以获得，迫使大家探求比较理想的非调查方法。20世纪30年代后期，由Weimer和霍伊特(1939)推崇的区位商法受到认同，通过该方法推导出的基本/非基本活动比率可以较好地对经济活动进行划分。但区位商法对出口活动(即基本经济活动)的估计实质上是净出口，而不是总出口(Isserrnan，1980)，因此往往低估了出口部门的就业数。20世纪60年代，Ullman(1960，1968)提出了最小需要量法，与区位商方法一样，也遭到了学者的批判。该方法的原理意味着同一规模组里大于最小需要量城市的所有城市都有输出，而没有输入，与实际情况不符。20世纪70年代，Mathur and Rosen(1974)提出一种计量方法，学术上称之为Mathur—Rosen方法，该方法无法将基本就业从它对非基本就业的影响中区分出来，也没有广为接受。学者们经过多种方法的实证研究，发现没有足以替代全面的经济调查方法，因为识别经济基础的非调查方法所提供的信息极为有限(McGovern，1961)，这些方法在原理上都存在一定的缺陷。

经济基础理论在 20 世纪 50～80 年代引起了广泛的讨论。从理论观点来看，单一强调出口活动并不理想。有学者认为构建一个广阔的分析框架，不仅包括出口活动，还包括其他所有影响非基本就业的主要变量，是很有用处的(Park，1965)。Tiebout(蒂伯特，1956)认为城市经济基础理论在研究地区收入变化方面是有用的，但仅限于短期，对于长期而言则没有多大用处，实实在在是一个短期分析的工具。

20 世纪 90 年代至今，城市经济基础研究的文献较少，笔者认为一是因为一直没能找到划分基本—非基本经济活动的较为理想的非调查方法；二是因为该理论在原理上及预测经济增长方面存在一定缺陷，学者们都转而运用其他的经济增长模型，如偏离份额法、投入—产出分析法等。即便如此，在现有数据资料仍然比较缺乏的情况下，要对一个城市的经济驱动力、经济组分的了解，经济基础理论仍然扮演着重要角色，它能给城市决策者、规划师们提供地方经济的发展概览。在方法方面，这一时期的研究多采用区位商法或其修正形式，如杨开忠等(1997，1999)、阎小培(1999)、张华(2004)、叶春(2004)等人的研究。其中，阎小培等运用区位商技术研究了广州基本—非基本经济活动的变化，得出两者的比例由 1985 年的 1∶1.06 下降到 1995 年的 1∶1.25，说明广州为城市内部需要服务的经济活动规模大于为城市外部需要服务的规模。叶春等通过计算广州和深圳 1997 年、2001 年两个年度的区位商，对两市的经济基础变化进行了比较分析。2007 年，美国亚利桑那州商务部与亚利桑那州立大学联合进行亚利桑那州城镇的经济基础研究，对地区的经济结构和组分进行了概要描述。James(2007)利用经济基础理论和偏离份额法分析了美国得克萨斯州海斯县的经济，确定当地市场的结构和组成，并将地区的发展与国家发展相比较。

通过以上分析发现，调查法是划分城市基本—非基本经济活动的最有效方法，但这方面的研究恰恰极为缺乏。批发市场所产生的物流活动属于城市经济活动的一部分，对其进行基本—非基本的划分，有利于深入揭示物流活动的空间特征，并为同类研究提供一定的借鉴和参考。因此，在本书第五章中，基于实地调查数据对销售物流活动进行了基本/非基本的划分，并分别刻画了基本活动网络和非基本活动网络的空间格局。

（三）社会网络理论

社会网络理论最早由德国社会学者 Simmel 提出概念，到 20 世纪 60～70 年代形成系列连接大型理论和具体的因果模型之间的中层理论（罗家德，2010），随后在社会学、生物学、管理学及政治学等多学科中得到广泛应用，其核心是从“关系”角度来研究社会现象和社会结构（刘军，2009）。所谓社会网络就是具有相互关系的行动者的集合（Wasserman et al.，1994），行动者之间的这些关系构成了网络分析的基础。按照行动者的集合类型，可将网络分为 1—模网络和 2—模网络，前者是由一类行动者集合内部各成员之间的关系构成，后者是由两类行动者集合之间的关系构成（刘军，2009）。运用社会网络理论可从多角度对网络进行分析，包括中心性、凝聚子群、结构洞、块模型分析等。其中，中心性分析可以显示出网络结构中行动者所处的位置，在分析中较为常见。运用社会网络理论来分析地理流现象的研究主要集中在旅游流领域，如国外学者对旅游目的地体系演化、旅游者流动的研究（Scott et al.，2008；Baggio，2008；Miguéns et al.，2008），国内学者对珠三角、福建省及南京市等地域的旅游网络空间研究（陈秀琼等，2006；杨兴柱等，2007；陈浩等，2011）。目前，运用社会网络理论来分析物流活动的文献并不多见。物流活动属于社会现象的一种，也是一个由多因素、多环节构成的复杂系统。这些因素、环节相互作用、相互依赖，最终使得物流系统得以畅顺运作。

本书的第五章运用社会网络理论分析供应物流络的空间格局，可清晰探究货物的来源、流动及由此形成的物流网络格局特征，从而增进对城市物流空间的认知和了解。

(四)场论

所谓流场，就是结点在相互作用中传递、交换其物质、能量、信息而产生和形成并所凭借的中间载体和空间处所（王成金，2009），具有场核、影响范围等地理特征。在物流场中，物流结点间的相互作用具有流入和流出两种作用力，并形成相应的销售场（货物流入所形成的销售地场）和供应场（货物流出所形成的供应地场）。在本书第五章中，对销售物流进行了流场识别，可深入刻画活动网络的空间特征，有利于揭示货物的流动规律。

因子分析法是识别流场的经典方法。本书的第五章基于场论的思想，用因子分析法分析销售物流网络的空间特征。因子分析分为两种类型——R 型和 Q 型，在 R 型因子分析中，把销售地（目的地）当作变量，供应地（起源地）当作观测量，可甄别出物流网络的主要销售场，以及各场对应的场核（重要供应地）和影响范围（销售地）；在 Q 型因子分析中，把销售地当作观测量，供应地当作变量，可甄别出物流网络的主要供应场，以及各场对应的场核（重要销售地）和影响范围（供应地）。

第四节　研究设计

一、研究框架和技术路线

(一) 研究框架

第一部分包括前面两章，为本书的总论和研究综述，具体介绍了研究的背景、目的、基本概念和研究设计，并对国内外的相关研究进行了梳理。

第二部分包括第三、四、五、六章，为本书的主体部分。第三章是本书主题的背景分析，也是第六章批发市场物流空间格局形成机制探讨的重要铺垫。第四章为物流结点的空间格局分析，通过遥感影像解译、GIS 空间分析等技术手段探讨广州批发市场的空间格局，包括格局的演变轨迹、演变特征等内容；并详细地分析了不同类型批发市场的空间格局特征，为第五章和第六章的研究打下基础。第五章是基于批发市场群的商户调查所进行的物流网络格局分析，主要采用社会网络理论、经济基础理论和场论等方法分别对城市供应物流和销售物流网络空间进行研究，并分析了不同类型批发市场群的物流网络特征。第六章是结合第三章的分析，并根据第四、五章的结论，在分别探讨了批发市场空间格局以及货物流动的影响因素基础上，对这些因素进行综合与提炼，最终概括出批发市场物流空间格局的形成机制，期望本书的机制分析能对同类学术研究以及其他特大城市的批发业、物流业发展提供一定的借鉴和参考。

第三部分是本书的最后一章，通过对整个研究的总结，提出本书的创新点，并指出本书的局限性与不足。

（二）技术路线

本研究的技术路线如图 1—5 所示。

二、研究方法

本书采用多尺度空间分析方法，分别从宏观、中观和微观的层面探讨城市物流活动及其形成机制。具体是通过实地调查、查阅资料等途径获得第一、二手资料，在对资料的分析整理基础上，采用定性与定量相结合的方法对本书各主体部分进行分析。

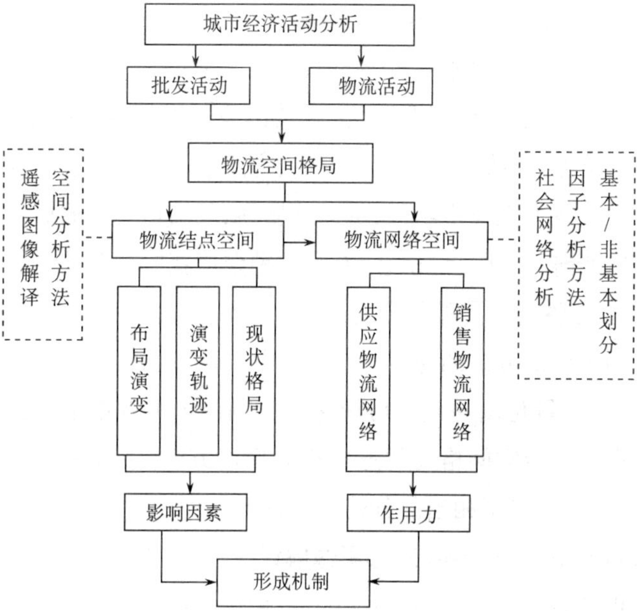

图 1—5　研究的技术路线

（一）多尺度空间分析

本书分别从宏观、中观和微观的层面对城市物流空间格局及其形成机制进行分析。

一是宏观层面，将城市看作一个质点，分析物流结点在广州布局的影响因素，并探讨广州与外界的联系，刻画出城市外部的物流网络空间特征，从而反映出城市在区域、国家层面的地位和作用。

二是中观层面，将城市看作一个面，分析广州内部物流结点的布局、演变，货物流动的空间特征及其形成机制，刻画城市内部物流网络的空间特征。

三是微观层面，立足于城市物流网络中的重要结点甄别、结点内部的物流运作过程及其形成机制。

（二）实地调查

通过走访与流通业运营、管理、规划等方面相关的政府部门、物流企业、批发企业和出租车公司，以及访谈流通领域、地理学领域的专家学者等方式，收集广州市批发业、物流业的相关信息，加深认识。

深入到各大批发市场群、货运站场，以及结点周边的居住小区等进行实地调研，并通过访谈、问卷等多种渠道获取翔实的资料。

（三）定性与定量相结合

本书主体部分试图通过对统计年鉴、调查问卷、访谈等数据的深入分析，从定量角度并辅以可视化图件刻画出批发市场的物流空间格局。在对物流空间格局的形成机制探讨方面，主要采用了定性分析的方法，也辅以了相当部分的定量分析。

（四）GIS空间分析、遥感影像解译

地理信息系统是一种采集、处理、传输、存储、管理、查询检索、分析、表达和应用地理信息的计算机系统，是分析、处理和挖掘海量地理数据的通用技术（缪兴锋，2005）。本书对物流结点的空间布局、演变轨迹等方面的分析中，运用了遥感影像解译、GIS空间分析等技术手段，较为客观地支撑了研究结论；本书基于GIS平台，构建了较为完善的城市物流空间数据库和属性数据库。

三、资料来源与数据评估

（一）文献资料

本书的电子参考文献主要来源于中山大学图书馆所采购的数据库，纸质图书来源于中山大学图书馆藏书。部分电子参考文献和书籍来源于香港大学图书馆。

（二）批发市场资料

本书批发市场的数据资料如市场名称、商品种类、开业年份、占

地规模等主要来源于三个出版物。

一是 1999 年广州出版社出版的由广州市工商局编著的《广州市商品交易市场购物手册》,该手册对广州的主要批发市场进行了详细介绍,包括市场名称、商品类型、经营类型(批发、零售)、开业年份、占地面积、商户规模、发展简介、联系方式、交通线路等。二是 2008 年社会科学文献出版社出版的由王先庆主编的《广州流通发展报告(2007～2008)》,里面有目前广州主要批发市场的列表介绍。三是 2010 年广州出版社出版的由王永平主编的《中国广州》(实用手册),里面有关于广州主要批发市场群的详细介绍。这三个出版物是本书的重要资料。此外,最新开业(2010 年和 2011 年)的批发市场以及其他相关的补充资料主要通过各大报刊媒体及批发市场的实地调研获得。

本书所采用的批发市场样本数共 213 个,主要用于第四章"广州批发市场的空间格局"分析。

(三)货物流动及批发市场物流运营情况资料

流数据是研究物流空间格局的重要支撑,它反映了结点间联系的重要信息。本书有关货物流动的数据和物流运营资料主要来源于对批发市场商家的问卷调查,以及对政府工作人员、企业管理人员、批发市场周边居民、小货车司机、出租车司机、货运公司司机的访谈。

其中,调查问卷的数据主要应用于本书的第五章和第六章。本书直接从批发市场经营者(商家)的调查中获得货物的流动信息,包括访问经营者的主要货物品名、供应商(或工厂)、销售地(客户),及平均每次的进货量、销售量、运输方式和运输起始点等;也访问了经营者对批发市场物流运营现状的评价和改进意见。考虑到经济成本和时间成本,笔者采用抽样调查的方法进行。首先根据第四章的研究确定所要调查的批发市场群(含重要批发市场)的类别、数量和位置;然后从实地调查中确定每个批发市场群的经营者(店铺)数量,以此作为批发市场群的规模;最后按各批发市场群规模的 3%进行抽样调查。整项研究共派发问卷 2 233 份,回收有效问卷 2 184 份。

(四) 二手资料

本书的二手资料主要通过各类统计年鉴、广州市商业网点发展规划、政府及商会的相关工作报告和出版物,以及本地报纸、杂志等获得,主要应用于第一章、第三章和第六章。

总体而言,本书的数据来源较为可靠,具有一定的可信度。

第二章　国内外研究进展

第一节　国内外批发业的发展

在批发业、物流业发展方面，对我国影响较为深远的有以美国为代表的欧美模式及以日本为代表的东亚模式，下面主要总结美国、日本和我国的批发业发展历程，为本书后续章节的探讨作铺垫。

一、美国

（一）20 世纪以前

美国批发业发展的历史比较久远，在殖民时期和美国独立的早期，批发业很大程度上参与对外贸易，且与零售业务相互混杂。19 世纪，批发业开始放弃它们的零售业务，专门从事某类商品的批发。

（二）20 世纪初到 20 世纪 30 年代

进入 20 世纪，批发的商品专业化进一步加强，并出现各种类型的批发商（Haring，1940）。1929 年，美国的批发销售总额大约 670 亿美元，随后在 20 世纪 30 年代大萧条时期下降，直到二战爆发后才逐渐恢复。

这一阶段，美国连锁店快速成长，并于 20 世纪 20 年代到达高峰，整个 20 世纪 20 年代被称为"连锁商店时代"。制造商绕过批发商直接与零售商联系；（零售）连锁商店也不断成长，并自营批发业务。因此，批发业受到了制造商和连锁店的冲击，发展处于下降态势。

这一阶段也没有现代物流的概念。批发商的货物通常存储在多层仓库里;不用托盘,也不用叉车作业。货物通过批发商或者雇佣的货车运送到零售商店;或者运送到外地货场,外地零售商需要将货物从货场运回他们的商店(Converse,1957)。

(三)20世纪40～70年代

二战末期,美国在解决军事后勤保障问题上逐渐发展起现代物流的概念,现代物流业在战后得到蓬勃发展。20世纪60年代起,商品配送的合理化问题受到普遍关注(周颖,2004),美国的配送中心应运而生。同时,伴随着战后大量生产、大量消费的社会经济,美国的批发商业向大型化发展。一方面,大工业垄断制造商不但建立起自己的批发机构,且把与自己产品流转有关的批发商吞并,组成自己的批发购销系统。另一方面,独立批发商也走上了联合的道路,组成大型批发商业公司(李绍明,1991)。

(四)20世纪80年代至今

随着20世纪80年代美国政府对运输业的放松管制,现代物流业发展迅猛,批发业与物流业相结合,大型批发企业纷纷建立自己的配送中心。如MAIN STREET公司设立的哥伦布配送中心、SUPER RITE食品公司设立的哈里斯堡配送中心等,这些配送中心的占地面积普遍较大(前者为1.1万平方米,后者达5万平方米),内部功能分区清晰,库存能力强,配送规模庞大(马健平,2001)。批发企业以其高效的配送服务整合供应链中的物流资源,从而使得供应链中的物流成本更低,中小零售企业可以获得较低的进货成本,能够与大零售商所领导的供应链进行有力的竞争(周颖,2004)。

也是从20世纪80年代开始,面临日益剧烈的市场竞争,美国企业的业务外包趋势突出。企业越来越关注自己的核心竞争力,从而将非核心业务外包给其他专业服务公司,物流业务的外包就是其中之一。尤其是对于中小型的批发企业而言，物流外包是降低经营成本、提高经营效率的良好策略。随着工商企业物流外包的流行，美国的第三方物流企业得到蓬勃发展。

二、日本

（一）20世纪50～60年代

20世纪50年代中后期至20世纪60年代，日本经济快速增长，形成大量生产、大量消费的社会经济特点。1955年以前，日本还没有完整的物流概念，因此，1955年以前的物流主要以运输为中心。整个20世纪50年代，运输是制约日本企业经营与社会经济发展的重要瓶颈（夏春玉，2004）。从20世纪50年代中后期开始，日本的道路、港湾、空港等公共交通设施得到了急速扩展，直到20世纪60年代初，日本从美国引进物流概念后，物流业才得以迅速发展。

这一阶段是日本经济的快速发展阶段，但国内的流通业跟不上大生产、大消费的经济社会发展步伐，因此从美国引进的超级市场因其强大的竞争力得到迅速推广，对原有的零售业、批发业带来冲击，形成了日本的第一次"流通革命"。业界和理论界有不少学者认为，流通革命就是要缩短流通渠道，减少中间环节，他们试图以超级市场代替零售业，甚至排除批发业，进而取代整个商业（姚力鸣，1985）。

日本批发业在这一阶段的特点是大型化、综合化，尤其是在20世纪60年代中后期，日本经济政策的重点落在"流通机构合理化、近代化展望的策定"方面，政府为了早日实现商业近代化，努力改善各种物资的流通现状，此时出现了综合批发中心、货物托盘收集中心等（香川敏幸等，2003），东京、大阪、名古屋等大城市是批发业的集中区域。

（二）20世纪70～80年代

20世纪70年代起，由于石油危机的冲击，日本的经济发展速度减慢，产业结构转向低能消耗的以生产精密机械、仪器为主的资金、技术密集型结构。生产的批量变小，品种增多，消费的多样性、选择性增强。另外，由丰田公司于20世纪60年代实行的准时制生产方式(JIT)，因在1973年能源危机中起到突出作用而得以广泛推行。此后，JIT不仅在生产领域，在物流领域也得到应用。

因此，消费者的个性化、多样化需求，以及JIT生产方式的推行，对物流业提出了更高的要求。这一阶段，日本的自动化仓库较为发达，批发业开始建设功能完善的流通中心(物流中心)；在1973年，为了防止由于超级市场等大型商店的进入而使中小商店不断消亡的现象出现，日本政府制定了"大店法"，导致批发业的中小店铺数量增加，大店铺比重下降，新增的中小企业一般是经营某类甚至是只经营几种商品的专业店，反映了批发业从20世纪60年代的大型化、综合化转向专业化发展(姚力鸣，1985)。另外，由于札幌、仙台、广岛、福冈等区域批发中心的增长，东京、大阪等城市的批发业比重下降，而且均出现了批发贸易的郊区化现象(Hino，1994)。

(三) 20世纪90年代至今

20世纪90年代，日本经济走向低迷，也是日本从工业化社会踏进后工业化时代和信息时代。在流通领域中出现的新变化(如商品、要素的全球化流动，卖方市场的形成等)也对流通业带来了新的冲击；于是形成了日本的第二次"流通革命"。进入20世纪90年代后，在生产商与零售商的夹击下，批发业的商品数量、营业额、从业人员都呈现下降趋势；伴随着小型零售商数量的下降，流通渠道缩短。造成批发环节缩短的主要原因有两方面：一方面独立中小零售店数量显著减少，另一方面是交通基础设施的改善以及物流国际化的推进，使得地方中小批发商存在的基础削弱。另外，全国大规模连锁店的发展，以及信息技术的革新，促使厂商与零售商绕开批发商而直接进行交易(张岩,2007)。

这一阶段,日本的批发业出现交易地点和物流仓库的空间分离。随着城市规模的扩大,城市中心的信息与交易功能日益发达,并导致城市批发流通系统功能在空间上的分离,即批发流通中的信息与交易功能逐渐向城市中心转移,物流功能逐渐向城市外部(郊外)转移。物流仓库的自动化程度高,并整合成少数大仓库,配送区域扩大;这些物流仓库更多布局在具有良好交通条件的郊区;同时,主要具有交易与信息功能的企业总部逐渐向大城市集中,而主要具有物流功能的企业分支机构逐渐向大城市周边的中小城市分散,从而使城市与城市之间呈现明显的层级关系(夏春玉,2006)。

由于现代物流业的迅猛发展,物流外包的趋势日益突出,从而出现了各种专业的物流服务。以花卉产品为例,专业物流公司不仅承担运输、仓储等基本职能,还提供了专业的保险、冷藏储运技术设备和高质量的服务(王永刚,2010)。2000 年 12 月,日本对全国 760 家制造业和批发业进行有关物流业务外包情况的调查,在 157 家批发业的调查中,有 63%的企业已实行或今后想实行物流外包业务;外包业务中,运输和保管(仓储)的业务外包比重最大,分别为 85%和 48.3%(崔丽华,2003)。

三、中国

我国批发业、物流业的发展体现了国家政策、经济体制改革的烙印,具体可分为以下几个阶段。

(一) 1949 年新中国成立到改革开放前

1949 年新中国成立到改革开放前的阶段是我国计划经济时期,也是国家对批发业的垄断时期,商品市场的发展受到抑制。商业系统的一、二、三级批发供应站是当时批发网络的核心。一级站由当时的商业部在上海、天津和广州三个中心城市设立，负责收购它们的制造业产品，然后向全国销售；随后，各省市、地区、县的二三级站相继成立，逐渐建立起较为完整的批发体系（尚慧丽，2007）。

这一阶段批发业以国有批发企业为主导，采取的是统购、统销渠道，商品库存量大，因此批发企业一般都建有大型仓库，并拥有自己的运输车队。由于现代物流的概念还没进入中国，这时期的批发业物流功能较为单一，以运输、仓储为主，运作较为粗放，企业和学术界对批发业物流的关注也不多。

（二）1978～1984 年

这一阶段是批发市场、批发业物流的起步阶段。1978 年党的十一届三中全会召开，明确要把我国建设成为社会主义现代化强国，从此揭开了社会主义改革开放的序幕。国家从计划经济到以计划为主，市场调节为辅，对商品购销政策进行调整，突破了“三固定”、工业自销、零售自采的旧体制（张春生，1997），商品批发市场得到发展。1978 年，我国第一个有关“物流”的考察团对日本物流进行了考察，并从日本引进了“现代物流”的概念，批发业物流开始起步和发展。

（三）1985～1999 年

这一阶段是快速发展阶段。初期，国家经济体制向有计划的商品经济体制转变，允许多种所有制成分、多种经营方式并存，由此催生出大量的乡镇企业和民营企业，与之相适应的农副产品、工业品批发市场纷纷建立。1993 年党的十四届三中全会召开，确立了我国社会主义市场经济体制的基本框架。此后，我国的商品流通规模快速扩张，出现了大量的产地型、销地型和集散地型的农产品批发市场、工业消费品批发市场和生产资料批发市场，辐射范围不断扩大（欧开培等，2007）。

这一阶段，一方面是传统的大型国有批发企业开始改革，但这些改革大多属于局部的、单个企业的、单个项目的改革，缺乏创立现代批发商业的特征，以与市场经济发展的实际相衔接（曹正等，2001）。企业仍然以自营物流为主，物流效率较低。另一方面是商品批发市场纷纷建立，使得政府和企业开始探索物流的应用。探索主要集中在两方面：体制探索和运行探索。体制探索的代表性事件是突破了计划经济部门体制，成立了“中国物流研究会”；运行探索的代表性事件掀起了一轮研究和应用“配送”的高潮（王之泰，2001）。义乌、柯桥、临沂等地的批发市场，最早的物流业基本由托运站（货运站）和运输业户组成；随着市场经营规模的扩大，托运货物的规模逐渐增大，促进了专用货运站场和专线运输货车的迅速发展；这就是专业批发市场最早的物流服务（朱建成等，2009）。

我国著名流通专家丁俊发把上述第一阶段看作是垄断批发业阶段，第二、第三阶段归为无序批发阶段，认为原有的批发体系被冲垮了，但是在社会主义市场经济条件下，应该建立什么样的批发业和批发体系，还没有完全找到一条非常符合中国国情的路子，形成了一种无序的批发状态（丁俊发，2001）。

（四）2000 年以后

跨入 21 世纪，随着我国加入 WTO，市场开放度加大，竞争日益激烈，传统的批发市场已不能适应现代批发贸易的发展，亟须升级改造。

批发业到了 20 世纪 90 年代末已有 20 多年的发展，当时无论是外部环境，还是业界内部都有了很大变化，尤其是随着现代物流的蓬勃开展，批发业的发展方向成为学者的关注焦点，从而导致这一阶段的文献数量激增。文献主要集中在两个方面。一方面是针对传统的国有批发企业，在世纪之交时期，这些批发企业面临转型，学者普遍提出转型的方向是建立现代物流配送中心，从而整合资源、完善功能，提高物流效率。这与国家的物流业发展思路密切相关。原国内贸易部自1995年以来，提出物流配送中心要在原有批发企业、储运企业基础上发展成为专业化、社会化、现代化、国际化的商品物流配送中心（曹正等，2001）。另一方面，近年来关注批发市场的转型升级，提出批发业物流要向现代物流方向发展。尤其是随着计算机技术的不断地进步，传统的现货交易、现金交易的经营方式得到改进。通过现代物流的引进，批发交易与物流服务相结合，通过统一进货、统一经营、统一结算、统一品牌等经营策略降低商户的运营成本，促进市场与商户的双赢（乔均等，2006）。例如，广州的壹马服装批发市场，从现金、现货、现场的传统交易方式到现在的集服装批发、零售、贸易洽谈、电子商务、国际采购等于一体的功能，在扩大市场辐射力的同时，也推动了市场的转型升级，向高端方向发展；广州荔湾区非常注重区内大型批发市场的转型升级，站西鞋城电子商务网站就于2008年率先运作，这一平台集批发、零售于一体，既有效保护知识产权，又可全方位多角度地展示产品，最关键的一点是，双方在网上可以直接交易。电子商务发展的瓶颈是物流服务，因此该平台同时整合了国际领先的各种物流配送体系，并通过网络商家可以随时查询整个配送的细节。

另外，现代物流的发展，有效推动了批发业中物流活动的外包。从20世纪90年代末开始，这种趋势日益显现。尤其对于中小型批发商而言，物流外包因能使批发商降低经营成本、提高企业效率而被广泛采用。经调查，目前批发市场的商户普遍采用物流外包的方式。

值得注意的是，尽管现阶段的批发业物流正朝着现代物流方向发展，但固有的物流问题仍然存在，如大多数批发市场内交通秩序混乱、人车混杂、交通工具落后、信息技术欠缺、物流与商流严重不匹配等。

第二节　批发业空间及其形成机制研究

一、国外研究

（一）20 世纪 30～40 年代依附于区位论的批发业区位研究

20 世纪 30～40 年代，胡佛从商品移动过程中费用变化的角度，对批发业的区位进行了研究，认为交通连接点或运送中转点是批发业布局的潜在区位点，接近消费地（市场地）的最近交通结节点是批发业的最佳区位选择（张文忠，2000）。涉及批发业区位研究的还有同时期的美国芝加哥大学社会生态学派。他们在地租理论的支持下先后提出了城市内部的空间结构模式：伯吉斯的同心环模式、霍伊特的扇形模式、哈里斯和乌尔曼的多核心模式。同心圆模式中，伯吉斯认为最里圈是城市的中心商业区，环绕商业区的是过渡地带，一部分被零售商业侵占，一部分为低级住宅、小型工厂、批发商以及一些货仓的过渡地带；扇形模式中，霍伊特认为交通条件对城市空间结构的形成具有重要作用；交通路线由市中心作放射状分布，轻工业和批发商业对沿着辐射运输路线所增加的可达性最为敏感（许学强等，1997）；哈里斯和乌尔曼认为重工业和市郊居住区也对城市内部结构带来重要影响，因此形成多核心的结构模式。其中，交通位置最优的地域会发展成为中心商业区，批发业和轻工业中心区以及中低收入居住中心区则出现在中心商业区的外围。

尽管上述这几种模式所描述的城市内部空间结构存在较大差异，但对批发业的布局则有较为一致的看法。

第一，批发业与城市最核心的中心商业区毗邻。城市中心区的土地资源极为稀缺，如何使其效益最大化是土地经营者所关注的重点问题。20世纪60年代,阿隆索将杜能的农业区位研究引申到城市,建立了城市的“单中心模型”(梁进社,2008)。他认为城市土地级差收益的客观存在,必然吸引人口、交通、信息、资金等各类空间经济要素向城市中心集聚,从而使城市中心地带的地价上升,并产生排异现象,将附加值低的产业依次向聚集体外围排斥(顾朝林等,2000)。一般而言,对比起工业、房地产和农业,商业的付租能力最强,其在市中心所产生的经济地租最大;商业分为零售业和批发业,显然前者的经济地租曲线斜率较后者大,因此在市中心首先经营零售业,中心外围为批发业。

第二,批发业与轻工业的发展关系密切,两者布局在同一区域。西方文献中,学者普遍认为批发业在产业集群的发展中起着重要作用,轻工业所提供的产品是批发业赖以生存的基本条件。

第三,批发业的布局区域也是货仓、港口码头等物流基础设施的布局区域,说明批发业明显受到交通通达性的影响,而且与物流活动的关系非常密切。

(二) 20世纪40～60年代受克里斯塔勒的中心地理论影响,学者流行用与批发贸易相关的指标来测量城市中心性

1933年,克里斯塔勒发表《德国南部的中心地》一书,提出了完善的中心地理论体系。作为城市聚落的一个模式,中心地理论的支配地位征服了早期的关于批发业的地理论文(Glasmeier,1992)。人们假设影响批发业布局的因素与零售业相同,因此认为克里斯塔勒的中心地模型足以解释批发业的选址问题(Rabiega,1973)。有学者甚至认为批发业比零售业的靠近中心性趋势更大(Beckman et al.,1959)。这一阶段,学者常用与批发贸易(零售贸易)相关的指标来划分中心地。他们假设各城市的人均值不会有很大差异,因此一个城市具有较高的人均批发值,意味着它服务于城市外部的大规模人口,具有较高的中心性(Siddall,1961),如Harris(1943)根据就业数据,将城市划分为两种中心地城市：批发中心和零售中心。批发业的范围在统计上可以通过批发贸易量、批发企业（机构）数以及所拥有的雇员和资本来测量（Alderson，1949）；Siddall（1961）将批发贸易当作最有效的单一指标来测量美国的中心地职能。

（三）20世纪70～90年代文献集中在两个方面：一是专门对批发业区位进行研究，并对其形成机制的探讨程度加深；二是通过研究批发业来探讨城镇体系

1. 批发业区位的研究

1970年Vance专门对批发业区位进行研究。其著作《批发业地理》采用历史分析方法对美国批发区位的形成和发展进行了实证研究，开辟了批发业地理和都市批发业的区位布局新领域（张文忠，2000）。他认为批发贸易体系是一个开放的系统，没有考虑外在因素影响的中心地模型不足以解释批发贸易的空间布局。Vance的批发业区位理论从两个空间尺度展开：一是全国范围的批发区位空间，二是都市内批发业区位。无论是国家尺度，还是都市尺度，Vance都认为批发业的区位始于交通结节点（如各中转地或仓库），它们的变动都取决于交通技术的发展。

关于国家尺度，Vance认为批发贸易往往在集散点进行。这些集散点在国家的边境和制造业国家之间充当门户，然后批发业的内部化（即批发业在国家内陆布局）和集中化布局出现。伴随着内部化是批发业的专业化，当企业变得越来越专业化经营时，其产品的销售地域就越来越广泛。

关于都市尺度，Vance将都市内的批发业分为以下两大类型，一是选址主要受供应源接近性影响的传统批发区（传统的仓库），一般布局在靠近城市中心的交通站场附近，以都市圈为腹地进行服务；二是受顾客接近性影响的批发区，包括农产品地区、商品品种选择地区、预售交付地区、面向制造业的原材料地区和办公批发区，各种地域类型有不同的布局特点。其中，农产品批发区布局在城市购物区的边缘，重要的区位因子是接近众多的小规模经营者（如城市的餐厅、酒店、蔬菜经销商等）；商品品种选择地区通常毗邻中央商务区布局，方便集聚在中央商务区酒店的城市外部顾客挑选产品，因此该区经营的产品具有较大的选择性，如家具、服装等；预售交付区一般位于都市内部的主要干线附近；面向制造业的原材料批发区以纸张批发区为例，纸张批发商靠近城市核心及印刷区布局；办公批发区位于城市核心，便于接近客户和协商市场价格。然而，接近客户这一影响因素对于批发业布局的重要性逐渐下降，交通运输成本的重要性却逐渐增加。因此，随着交通条件的发展，批发业的集聚发生变化，从城市中心往城市边缘发展。

国外的批发市场一般指水产品、鲜活产品等农产品批发市场，农产品批发市场是农产品营销体系的重要组成部分，Robert(1937)、Morgan(1958)、Max(1963)是较早关注农产品批发市场的学者，但对批发市场区位的研究较为薄弱。Jumper(1974)深入研究了果蔬批发市场的类型及其空间布局，发现生产者导向市场大多布局在蔬菜产地，便于收集若干农场的产品；由于交通条件的改善，货源离市场的范围大多在40公里以内。消费者导向市场则远离产区，货物在半径80～120公里的范围内相对小批量地转售给零售网点、连锁商店及下一级批发商。一些城市还建立了新的食品分销中心，类似于“产业园区”，专业从事食品的加工和配送，集中了都市区大部分食品的批发和存储。

2. 批发业区位的形成机制研究

20世纪70年代，Vance(1970)提出了美国批发贸易布局变化的主要机制：在早期历史上，美国与欧洲的深厚贸易联系导致了重要贸易转口港的建立，随着外贸重要性的下降、交通运输技术的提高，以及国家内部货物需求的上升，一些早期转口港或货物集散地的重要性降低，国内出现了新的区域性和次区域批发贸易中心。因此，交通技术的提高以及逐步的内部化是批发贸易地理不断变化的主要力量。20世纪80年代，Dennis(1984)的研究也得到了类似的结论，该学者聚焦于美国40个最大的批发贸易中心，将美国都市区的批发贸易变化划分为三个阶段：国家主导、区域主导、都市区内部分散化。阶段一以纽约在国家尺度上的重要位置，以及转口港的建立为代表；阶段二的特征是纽约批发商业的影响作用降低以及一些早期转口港相对作用的减弱；阶段三是区域主导阶段的持续发展，特征是批发贸易功能的郊区化，纽约、芝加哥和洛杉矶等郊区的大型批发贸易中心的出现就是其中之一体现。有学者探讨了新加坡中心地区批发贸易的特征和布局模式，认为批发贸易的经营业务不同，其空间和布局需求也不一样。但是，可达性几乎是所有类型的批发贸易布局需求的重要影响因素(Wing and Lee，1980)。20世纪90年代，Glasmeier(1992)探讨了批发商在产业集群的早期形成中的重要性。批发商通过扩展企业的市场范围减少了当地市场的规模限制，因此使得本地专业化形成，从而促进了劳动分工的形成。Riemers(1998)对荷兰批发业进行研究，得出以下影响批发业空间布局的因素。①发展历史。批发企业在经营之初规模通常较小，仅由创始人和少数人运营，所以初始布局往往是公司创始人的家乡；当公司发展壮大时，就不得不搬迁。②业务场所的可获得性。这些场所必须给公司提供高效运营的机会，以及空间扩展的可能性。③土地价格。④业务场所的可达性。大部分企业渴望靠近高速公路出入口的位置，而进行国际贸易的批发业倾向于靠近港口和机场，降低运输成本；不同的区位因素的重要性会随着批发公司类型的不同而不同。

3. 批发业与城镇体系

在日本，学者对批发业的功能等级结构与城镇体系间的关系有较多关注。尤其是20世纪60年代以来，日本大型制造商和贸易公司总部在三大都市区（东京、大阪和名古屋）集中分布，并在非都市区（省级区域）建立起大量的分支机构，形成了批发分销体系。由批发分销所建立的城市间联系反过来塑造了日本省级区域的城市体系结构（Nishihara，1994）；Hasegawa（1974）通过分析每一城市批发商的功能特征来探讨东北地方的城市间联系，发现就日本整体而言，东京和大阪是国家级的批发分销中心，而仙台、广岛和福冈是区域性的批发中心；在东北地方，每个县从东京进口大部分商品（其次是宫城县），销售目的地仅局限在邻近的县（宫城县除外）。Koganezaw（1986）将东北地方批发市场功能等级系统概括如下：中央批发市场，全国范围收集蔬菜，并接收从东京中央批发市场转运过来的蔬菜；地方批发市场，从邻近产区收集蔬菜，并接收位于东京或者东北地方的中央批发市场转运过来的蔬菜；还有一种地方批发市场，依赖于东北地方的中央批发市场转运过来的蔬菜。Teraya（1986）认为批发贸易能够产生商品的实体流动，以及直接揭示区域间经济联系的结构和强度。Nishihara（1994）基于对九州岛各类型批发商的调查问卷探讨城市间联系以及城镇体系的性质，认为城市批发功能的等级、连同他们城市间联系的特征结构，取决于区域批发企业的组织特征，以及取决于企业的经营品种；各种批发网点的空间联系可以甄别具有等级结构的城市体系。

（四）20世纪90年代中期以来随着物流管理方式和物流技术的日渐成熟和发展，批发业跟现代物流业的结合日益重要，学者更多地关注批发业的空间优化

Kawabata（1995）认为信息网络的进步引起了贸易区的扩展，以及贸易区和配送点的扩张。因此，批发商整合了贸易和配送点，并引起功能变化，从而导致贸易和配送点数量的减少，这些结点转移到火车站附近，也导致了物流配送中心的功能分离和空间分离。配送点外迁到城市外围的同时，使得城市内传统批发区的空间逐渐优化（Hesse，2007）。因此，当规划新的批发市场时，应考虑长时期的城市发展规划；批发市场的规划需要找到一个规模大小适合，以及符合交通发展（连接到市区或者在市区里）的地方。批发市场必须确保足够的可进入性，以及提高所需的专门的空间和设施；在批发市场中引进物流平台来满足大型采购者（如超级市场）的需求的重要性应该得到认可（Seidler，2001）。

二、国内研究

由于批发业是在改革开放后发展起来，到了 21 世纪初已有 20 多年的时间，面对这一阶段我国经济的高速发展、WTO 的加入、商业格局变化、JIT 配送的发展以及批发业自身经营问题等，加上由于批发业物流所带来的城市交通拥堵、经营环境恶化问题，学者对批发业的关注日益增加，文献数量激增。

在世纪之交，学者对传统的国有批发企业转型给予很大关注，普遍提出转型的方向是建立现代物流配送中心，从而整合资源、完善功能，提高物流效率。

近年来，学者更多地关注批发市场的升级转型，提出批发业物流要向现代物流方向发展。批发交易要与现代物流相结合，注重开展物流增值服务，包括运输、仓储、配送和流通加工等活动，通过统一进货、统一结算等经营策略降低商户的运营成本。

国内对批发业的研究主要体现在批发市场方面，研究地域涉及广州、北京、山东、浙江等批发业发达的省市，其中以浙江义乌小商品批发市场的研究居多。研究内容涉及批发市场的空间布局及其区位因素、与产业集群的关系，以及批发市场的现状问题及发展对策。

（一）批发市场的空间布局及其区位因素

批发市场在空间分布上具有不均衡的特点，从全国范围看，东部多于中西部地区，华东地区高于其他地区，大城市高于中小城市。省际差别也十分明显，浙江、江苏等一些省份是专业市场的集中地区（张芝刚，2009）；亿元市场数量最多的地区是江苏省，其次是浙江、山东、广东、河北等省，并存在向东部沿海地区和大城市集中的趋向（石忆邵等，2005，2008）。在珠江三角洲，内圈层的专业批发市场数量明显高于外圈层，西部地区的明显高于东部地区，尤其以佛山城区、南海、顺德一带密度最大（方小山等，2002）。

城市层面的批发市场空间布局研究中，以广州的成果居多。林耿等（2003）对广州市的商业功能区空间结构进行研究，认为广州市从城市核心区到边缘区，形成零售—批发—综合性批零的商业功能圈层结构。肖怡（2005）发现广州 54％的批发市场分布在内圈层（行政区划调整前的越秀区、荔湾区、东山区和天河区），40％分布在中圈层（行政区划调整前的海珠区、芳村区、白云区和黄埔区），6％分布在外圈层（行政区划调整前的花都区、增城市、番禺区）；并认为这种空间布局不合理，中心城区的土地资源遭受浪费的同时，对城市空间、交通运输带来较大的压力，且商流与物流的矛盾十分突出，对批发市场的发展壮大不利。谢涤湘等（2008）发现大都市批发市场的集聚分布是一种常见现象，广州市批发市场的空间分布类型可大致分为老城区传统型、交通枢纽导向型、城市内部交通主干道沿线型和城市外围快速干线沿线及交叉口型四种。

批发市场内部布局研究方面，陈华杰等（2011）运用 GIS 和空间句法的集成方法定量分析了义乌国际商贸城内部的空间结构特征，结果表明义乌商贸城内部空间结构在总体布局上智能性、可理解性较差，局部区域及部分入口的便捷度较差。批发市场内部需与之相适应的交通配套设施，如大面积的停车设施、发达的邮电通信系统和大容量的仓储设施等（汤宇卿，1996）。

批发市场的空间布局是多种因素综合作用的结果，纵观学者的研究，发现交通条件、土地资源、政府行为、集聚以及批发市场自身经营等是主要的区位因素（张洋等，2001；方小山等，2002；崔承印等，2002；谢涤湘等，2008；刘婷婷等，2008）。林耿等（2004）分析了广州市对外交通干线分布对批发空间形成的影响，得出批发市场群的分布基本位于对外的水陆交通干线附近，充分依托了城市出入口的结点优势。同时，地租（地价）也是一个主要的影响因素，如增槎路—广清高速公路、东圃一带和广州大道南部市场群的初步形成，都是得益于土地的低价。

张娜（2006）将影响西安批发市场布局的区位因素分为两类，一类为包括城市空间结构和土地价格在内的宏观因素，另一类为包括消费者、交通和集聚等因素在内的微观因素；并分析得出排在前五位的因素分别是：完备的运输网络、利用基础设施配套程度、相关政策的影响、靠近交通枢纽、舒缓交通压力。王施益（2010）认为专业市场的区位因素由传统因素和现代因素组成。传统因素包括交通、市场、集聚和空间四大因素，其中市场因素对专业市场布局的拉动作用明显，交通条件对专业市场的布局具有引导作用，政府通过城市规划、土地规划等影响专业市场的布局；现代因素包括人文因素和信息因素，尤其是信息因素，使得专业市场的区位选择更加灵活。李喆等（2010）通过对北京市新发地农产品批发市场的研究，得出市场经营和基础设施因素是最重要的影响因素。在市场经营因素中，农产品的流向和流量最为重要，其次分别是土地价格、竞争环境和市场的功能定位。

(二) 批发市场与产业集群的关系

2000 年以来，学者对批发市场与产业集群的关注度逐渐上升。有学者总结了专业市场与产业集聚的互动机制，认为产业集聚是专业市场发展的支撑，而专业市场是产业集群发展的基础(王施益，2010)。专业市场能够使信息的集聚化、专业化加强，支撑产业和配套设施发展，并传导政府对产业的发展政策(李晶，2004)。欧开培、肖怡等(2006，2007，2008)通过对广东省、珠三角等地市的研究，发现专业批发市场与产业集群之间存在着一种耦合生长机制，认为成熟的产业集群都不是纯粹的生产企业集群，而是由生产性企业与流通企业(专业批发市场)共同构成。杨强、陆立军等(2005，2009，2011)通过对浙江批发市场的研究，发现专业市场在促进区域分工与制造产业集聚式发展方面的贡献相当明显，而产业集聚的专业化及多样化效应对构筑专业市场核心竞争力、加快专业市场升级起着重要的推动作用。刘斯敖等(2012)则认为专业市场的规模报酬递增与专业化分工网络效应促进制造业的发展；制造业企业规模的扩大与组织创新推动着专业市场的不断创新与升级，从而实现专业市场与制造业的协同发展。

(三) 批发市场的辐射力

批发市场的辐射性又称输出性，是指通过商品或生产要素由市场区向市场外部的流通。欧开培等(2007)通过对广州市 51 家批发市场的调查，发现入场商品 50%以上来自国外的有 1 家，30%～50%来自国外的有 4 家，其余 46 家的入场商品主要来自国内或省内；从出场商品的流向中，50%以上商品流出国外的有 1 家，30%～50%商品流出国外的有 5 家，其余 45 家的商品主要流向国内或华南地区。郭崇义等(2010)发现北京大型玩具批发市场、服装批发市场、农产品批发市场都能辐射到北京周边的河北、内蒙古、山西、山东、天津、辽宁等省份；从辐射强度上，距离北京由近到远递减。

第三节　物流空间及其形成机制研究

二战末期，在解决军事后勤保障问题上融入系统的观念，成为了现代物流学的萌芽阶段；战后，人们对物流系统进行界定，使其在社会经济活动中处于潜隐的状态显示出来，结束了各种物流活动处于孤立、分散、从属地位的历史，形成了现代物流科学（吴清一，2003）。美国、德国、日本等国家的现代物流业发展较好，发达的物流经济与他们日益成熟的物流理论相辅相成。

从运动轨迹看，物品的流动过程由点和线组成。结点有多种，包括仓库、配送中心、物流园区/中心、港口、机场、货运站等。实际上它们之间并没有截然的区别（Button and Kulkarni，2001），结点起着集货、配货和分货的作用，并融合了装卸搬运、流通加工等环节。线就是物品流动的空间轨迹，是以交通线路为载体的货物移动。简言之，物流空间就是由点、线（流）和网络组成的空间。

一、国外研究

（一）20世纪50年代至今的港口及港口体系研究

从20世纪50年代起，地理学者就对港口进行研究（Morgan，1952），港口是国外交通地理学一直关注的热点主题。20世纪60年代开始偏重于港口体系的空间特征、演化理论等方面的探讨；20世纪60年代中期发展起来的集装箱运输方式，使得集装箱港口体系逐渐成为学者关注的焦点。20世纪80年代美国政府撤销交通管制，加上制造商之间强调“核心竞争力”，导致了物流外包的增长；再连同生产外包的增加，物流供应商作为制造业伙伴的重要性呈指数增长。在货物流动过程中，物流公司利用其专业知识、信息以及供应链管理等方式促进了国际货运的繁荣；物流业使得跨国界的生产合作以及商品在全球的顺畅流动成为可能（Aoyama et al.，2006）。港口对国家、区域的发展显得十分重要，港口服务业引起学者的关注。20 世纪 90 年代末起，随着港航市场的变化，港口地理的研究重点从港口或港口体系向影响因素拓展，强调港口外部因素的影响，尤其关注航运企业、码头企业和船舶大型化等因素对港口的空间影响机制（王成金，2008）。

（二）20 世纪 60～80 年代，货流空间受到较多学者的关注

Nystuen and Dacey（1961）最先用图论技术来分析华盛顿的电话流，此后的学者在分析货流空间的研究中多采用和借鉴他们的方法；同时，因子分析和场论也是学者用来分析货物流动空间的常用工具。

在区域层面，Berry（1966）运用场论和因子分析技术，分析了印度 36 个区域之间的商品流动；Black（1973）采用因子分析技术对 1967 年美国区域间的商品流动进行分析，根据所提取的五个公因子构建区域间商品流动的五个网络；Mitsuhashi（1978）采用因子分析法对 1960 年日本各县之间的商品 OD 矩阵进行分析，从而甄别出商品流的主要格局。即使是 2000 年以后，也有学者借助图论的思想和概念，根据加勒比地区集装箱流的数据信息建立了两个网络模型来量化物流中心的潜力（Veenstra et al.，2005）。

在城市层面，Ogunsanya（1982）根据全面的实地调查数据，采用因子分析和图论技术探讨了尼日利亚拉各斯大都市内部货物运输的空间格局；在他另一文章中，作者把位于拉各斯都市区的 30 个市场作为城市货运结点，通过采用图论技术分析结点间的货物交换量，从而将结点分为四个等级；并提出结点的货运量决定了其销售功能的空间需求，城市应该给高等级的市场提供更多的扩展空间。

在研究货流空间背后的形成机制方面，学者普遍采用典型相关

分析工具。Kanno(1976)运用交通运输普查数据,提取了美国产区之间的商品流主要格局,并通过典型相关分析,探讨了它们与人口和社会经济规模的潜在关系。Murayama(1984)对1980年日本各县之间的30种商品流的配对因子分析所得到的商品流格局进行了典型相关分析。

(三)20世纪90年代中期以来,关注货运及仓储设施的布局

由于运输和仓储是物流活动的两大重要支柱,学者对物流结点空间的研究主要集中在货运和仓储设施布局及其变化方面。随着供应链管理理念和方式的发展,以及电子商务技术的普遍使用,城市物流的格局不断变化,并对仓储和货运设施的布局产生巨大影响。

仓储和货运设施的布局几乎完全依赖于大都市区的人口,空间上是靠近中央商务区、其他仓库和产业设施,以及靠近洲际运输的水运或铁路运输路线布局(Eaton,1982)。随着城市的发展,市中心在有限的空间资源限制下,难以支撑永久性的物流设施布局,相反,在大多情况下它只能提供一个流通和装卸的空间(Dablanc,2007);另一方面,随着美国过去几十年间快速路的广泛修建,城市外围地区的通达性提高,加上这些地区具有相对丰富的土地资源、人力资源储备,使得货运和仓储设施的布局逐渐远离城市中心(Glasmeier and Kibler,1996;Hesse,2007)。从这一角度看,物流结点的空间布局出现分散化、郊区化趋势。Dablanc and Rakotonarivo(2010)探讨了包裹和快递设施在巴黎的布局演变,通过分别计算1974年和2008年这些设施到巴黎市中心的距离(分别为5公里和16公里),得出物流设施的分散化趋势。然而,Cidell(2009)对20世纪80年代美国大都市区仓储与货运活动的郊区化研究,发现虽然绝大多数美国大都市区经历了货运及其相关活动的空间分布的分散化,但在核心地区也有一些增长,表明比简单的郊区化更复杂的过程正在进行。

由于物流的运营过程包括了运输、仓储、配送、流通加工等多个环节,并涉及货主企业、物流服务商、政府、民众等多方利益相关者,学者普遍认为物流结点的布局是多种不同势力相互影响、妥协后得到的均衡结果(Ng and Gujar,2009)。地理学者的观点主要是认为物流结点的布局跟交通通达性和距城市的远近有关。如有的学者认为靠近市场、生产和交通网络,连同地方的分区规划对于小型仓储和配送设施在城市内部的布局和定价模式起着关键作用;而对于大型仓储和配送设施而言,交通通达性最为重要(Sivitanidou,1996)。Button and Kulkarni(2001)利用美国首都地区和底特律大都市区的地理信息系统探讨了 20 世纪 90 年代末的货运和仓储设施布局,发现两个区域都出现了沿公路网或大都市区集聚的现象。Bowen(2008)探讨了 1998～2005 年美国仓库布局的变化,发现在 143 个都市县样本中,2005 年仓储企业的数目以及 1998～2005 年仓储企业的增长与县级航空和高速公路的可达性密切相关,其次才是铁路网络。

二、国内研究

我国经济地理学者在 20 世纪 80 年代开始对物流空间格局进行较为深入的关注,至今大致经历了以下阶段。

(一) 20 世纪 80～90 年代初侧重省级区域间的货物运输联系

这一时期以张文尝、金凤君等学者的研究为主,研究内容偏向于我国省级区域之间的货物运输联系。张文尝(1981)认为交通运输对地区资源开发,工业基地的形成与发展具有重要作用;并分别探讨了不同类型工业基地的运输联系和特点,如具有区级意义的原燃料基地,货物大部分运往区外,发送量大于到达量,从而要求有多条强大的干线与外部沟通,在内部也应便于大宗货物的汇集外运。从 20 世纪 80 年代末 90 年代初起，张文尝和金凤君两位学者引入多种计量分析模型和方法对货流空间进行研究。如利用场论和系统论的观点，重点分析了 20 世纪 80 年代我国省级区域间的铁路货物运输联系，发现以货物交流反映的区域相互作用的空间格局明显，且距离的衰减作用异常强（金凤君、张文尝，1991）；在另一文章中，金凤君（1991）系统分析了省级区域以实物交流形式的相互关系，并提出首位联系的概念来分析省级区域联系的空间组合特征。随后，两位学者采用统计分析方法，发现我国省级区域间的货物交流 90%发生在距离在 2 000 公里以内的省区之间，其中 1 000 公里以内占 55%；4 000公里以上只占 1%左右；同时也表明了省区的经济辐射力和吸引力的距离衰减特征（张文尝、金凤君等，1994）。

（二）20 世纪 90 年代中后期关注港口体系的研究

20 世纪 90 年代中后期，学者对物流结点体系较为关注，尤其是对港口体系方面的探讨，研究地域集中于长三角和环渤海地区。如曹有挥（1995，1998，1999）等学者对长江沿岸港口体系十分关注，成果颇多，内容包括港口体系的空间分布、演化模式、职能结构等方面；分析过程中运用了因子分析、模糊评价、指数分析、分享—偏移模式等技术方法。韩增林（1995）等学者则关注于环渤海地区的港口体系发展，主要分析了该地区港口体系的建设布局和形成演化。

（三）踏入新世纪以来的多元化研究

踏入新世纪，一方面由于现代物流业在我国的发展日益壮大，另一方面由于经济地理学本身的积累与发展，以及新技术（如“3S”：GPS、GIS、RS）、新方法的采用，地理学者对物流空间的研究呈现出多元化的局面。归结起来有以下五大方面。

1. 物流园区（中心）的研究

2001 年国家出台“关于加快我国现代物流发展的若干意见”，成为我国发展现代物流的重要指导文件。随后，国家在“十一五”规划纲要中明确提出大力发展现代物流业，并指出发展的任务和方向。全国各地市纷纷制定与物流相关的各类规划，进一步推动了物流园区(中心)、配送中心等物流结点的建设。因此，学者们对它们的规划建设、布局优化等方面给予了较多的关注，研究地域主要集中在珠三角、长三角和环渤海三大物流业发达的区域，研究范围涵盖了物流园区的发展条件、总体定位和功能布局等方面。如汤宇卿(2002)、韩增林等(2003)、王淑琴等(2004)、王新哲等(2005)、顾哲等(2007)、惠英等(2008)、洪再生等(2009)、张永仲(2010)等学者先后对义乌市浙中国际物流中心、大连市物流园区、长三角物流园区、苏州工业园区现代物流园、上海浦东空港物流园区、天津空港国际物流园区、北京公共物流区的研究。也有学者对物流园区与用地进行了专门的研究，牛慧恩等(2001)认为物流用地是各种物流功能及设施的空间载体，物流园区用地是仓储用地、对外交通用地、道路广场用地、商业用地等多种城市建设用地类型的组合。方威等(2010)针对物流园区在规划上存在土地资源浪费、园区闲置率高等问题，利用参数法预测了长沙未来物流园区的用地规模。

2. 路网通达性的研究

在交通地理学领域中，交通通达性一直是研究热点，且采用的技术方法多样。曹小曙等(2003,2005)选取网络延伸程度、网络扩展潜力及网络连接程度三大类指标分析了东莞市 1980～2000 年的交通网络演化以及由此所引起的通达性空间格局变化；以“最短路径模型”为基础，选取距离与时间两个特征指标及联结两者的速度指标，分析了中国国家干线公路网联结的城市通达性空间格局。金凤君等(2004)设计了运输距离和通达性系数等通达性指标，并以“最短路模型”为基础，分析 100 年来中国铁路交通网络的发展以及由此引起的通达性空间格局的变化。吴威等(2006,2007)采用加权平均旅行时间指标先后对长江三角洲公路网、综合交通以及安徽沿江地区的高速公路网的通达性空间格局进行研究。张莉等(2006)利用 MapX 控件和 Delphi 编程工具,开发了基于时间最短的区域通达性计算与分析信息系统,生成了通达性的分值扩散图,并基于长江三角洲的陆路交通网,从时间距离的角度对长三角内 16 个地级市目前和未来的区内、外通达性进行了评价。潘裕娟等(2010)以广东省连州市为例,设计路网连通度、可达性、农村路网与干线路网衔接的平均距离三项指标来分析乡村地区公路网的通达性水平。修春亮等(2010)通过对比哈尔滨与北京、上海、广州、新加坡和仁川在中美航空物流网络中的可达性,论述了哈尔滨在优化中美航空物流网络中的作用。

3. 港口体系的研究得到进一步深化

这一时期,学者在 20 世纪 90 年代中后期港口体系研究成果的基础上,进一步对长三角、环渤海以及全国的港口体系进行分析,内容涉及形成演化、建设布局、职能结构、区域基础等方面(曹有挥等,2001;韩增林等,2002;曹卫东等,2004;王成金等,2001,2007)。由于我国的港口集装箱运输从 20 世纪 80 年代初开始发展,到了世纪之交,集装箱运输已日益突出,且对港口的发展起着重要作用。这一时期,学者加强了对集装箱港口体系的研究。曹有挥等(2004)通过赫希曼—赫芬达尔指数和偏移—分享分析两个模型对近十年中国沿海集装箱港口体系的空间结构演化和竞争格局及其变动进行了定量测度,发现集中化是空间结构演化的总体性趋势;珠三角港群在沿海集装箱港口体系内的箱源竞争中居于优势地位等。梁双波等(2008)也运用了偏移—分享分析对近 17 年长三角集装箱港口体系的偏移增长状况进行了定量测度,并对该港口体系的演化模式作了研究;王成金等(2011)在对现代集装箱港口体系演进理论剖析的基础上,详细解析了长江三角洲集装箱港口体系的演化过程，认为长江三角洲是该港口体系理论模型的典型案例地。

4. 货物流动空间的研究重新受到关注

货流空间研究在近年来（主要是 2008 年以来）重新受到关注。在早期金凤君等学者对货流空间探讨的基础上，王成金等（2008，2010）运用数学建模、场论和 GIS 等技术先后分析了中国铁路物流以及城际集装箱流的空间流动格局；金杉等（2008）运用距离衰减规律、首位联系模型探讨了中国城际铁路集装箱运输网络的空间演变。

另一方面，部分学者专门对石油和煤炭等能源的流动空间进行研究。如赵媛（2006，2008，2009，2010）等学者先后探讨了我国石油资源的流动格局、地域类型、流场规律及其形成机制；王成金等（2009）从省区和地市角度出发，运用场论的概念及方法探讨了煤炭运输的流场规律。

5. 物流企业及网络组织研究的兴起

随着现代物流在城市经济中的作用日益重要，物流企业也处于快速发展阶段。因此，有学者对物流企业的空间分布及其形成因素进行了探讨。千庆兰等（2010，2011）对广州市物流企业的空间分布进行研究，得出物流企业的布局具有显著的向心集聚性，并沿城市交通主、次干道呈轴线状分布；在区位选择上，物流企业具有服务依赖性，城市工业区和商务区是物流企业的重要集聚区。总体而言，物流企业的空间格局是区位、交通、政策、地区经济实力和地价等因素综合作用的结果。曹卫东（2011）对苏州市的物流企业空间分布及其演化进行探究，表明近 20 年来，物流企业分布的热点区发生明显的扩散和迁移，热点区由单一向多极、由中心城区向次中心城镇扩展，拓展呈现明显的沿路和沿江的带状分布。

在物流企业的网络组织方面，主要有王成金和宗会明等人的研究。王成金(2008)对我国物流企业的空间组织网络进行探讨,认为物流企业在城市和区域尺度构筑企业组分网络,城市网络包括总公司、配送中心和营业点,总公司布局于市中心区,配送中心倾向于近郊区,营业点集中在物流密集区。物流运营网络由运输专线、配送体系和物流网络组成,运输专线和配送体系的交错、融合和优化,最终形成轴辐物流网络。宗会明等(2009)对南方物流公司进行了研究,得出物流组织的空间网络一般呈现总公司—分公司—办事处的等级结构,市场导向因素、公司经营战略和企业运营成本是空间网络选址的影响因素。另外,有学者将"轴—辐"理论引入物流网络的构建及优化研究中,"辐网"是指网络中的非中心结点及与轴心的联系,轴心、腹地、连接线路以及各等级层次的节点等要素组成整个网络(徐建等,2009)。谢五届等(2005)以苏州市为研究案例,引入"轴—辐"构建苏州"一轴五辐"物流空间优化体系;徐建等(2009)对基于公路运输成本的长三角轴—辐物流网络进行研究,得出上海为一级轴心,南京、苏州、无锡、杭州、宁波为二级轴心的三个层次的区域物流网络;李文博等(2011)认为轴辐式物流网络作为高效的区域物流空间系统,已经成为开放型区域经济发展的重要支撑;并构建了浙江省的轴辐式物流网络,以期为加快浙江现代物流产业的升级和创新提供借鉴。除了引进"轴—辐"理论研究物流网络外,有学者利用统计分析和基于 GIS 的区位基尼系数、区位熵等方法剖析了长三角区域物流空间的演化过程,发现长三角区域物流呈现出"一心两团多点"向"一心两极多点"的演化历程(沈玉芳等,2011)。

第四节　小结

批发与物流是流通领域的重要组成部分,批发贸易给物流业带来源源不断货源的同时，物流业为批发贸易的顺利开展提供了重要保障。尤其是随着现代物流理念、先进管理方式、信息技术的发展，批发业与物流业的结合更加密切，物流活动在批发业当中起着重要作用。

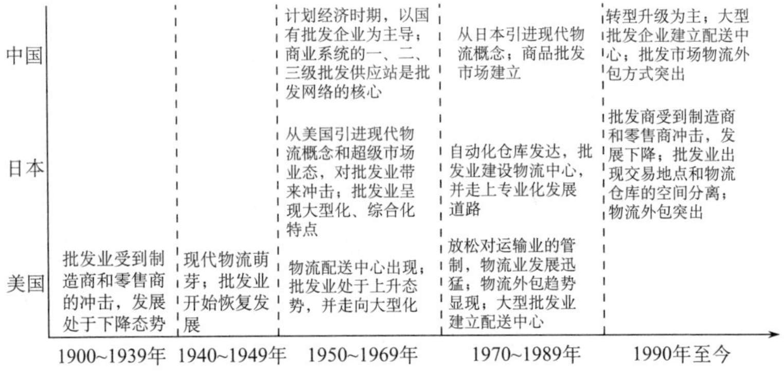

图 2—1　美国、日本、中国的批发业发展历程

对美国、日本和中国的批发业发展历程进行梳理（图 2—1），发现批发业的发展跟国家的经济社会背景、产业环境、政策导向密切相关。美国、日本在批发业方面的经验，对中国产生了较大影响。尤其是 20 世纪以来，美国的批发业、物流业发展都先于日本和中国，是后两者经验借鉴的重点国家。在 20 世纪早期，美国的批发业就受到了制造商和零售商的冲击，直到二战末期才逐渐恢复；同时，在二战末期发展起的现代物流，是批发业发展、转型升级的重要保障。二战后，美日进入大量生产和大量消费的时代，批发业也随之往大型化、综合化方向发展。随着现代物流的进一步发展，功能完善的自动化仓库、物流中心纷纷建立，并引入到批发业的发展中，一些大型的批发企业纷纷建立自己的配送中心，向现代物流方向发展；而对于一些中小型的批发企业，物流外包趋势日益突出，由于物流业务的外包，

企业可以降低经营成本，更专注于自己的核心竞争力。从发展进程中还可发现，20 世纪 90 年代以来，批发业出现交易功能与物流功能的空间分离，是改进城市物流活动、优化城市环境的重要途径。

从学术研究看，国外学者对批发业的研究主要基于国家和区域层面，对于城市内部的微观尺度研究较少。在国家、区域尺度，批发业初期主要集中在大城市，成为国家的批发中心；随后，省级城市批发业务发展，并成为二级批发中心，这一过程中也降低了国家批发中心的业务比重，批发业出现了分散化布局趋势。城市内部尺度，批发业布局有两个特点：一是与城市中心商业区毗邻，二是跟交通通达性密切相关，并出现郊区化布局趋势。

国外学者的研究还指出，批发业的发展与地区的工业发展、外部需求、内部需求、交通条件等密切相关；同时，批发业受到制造商、连锁店的冲击，面临转型和功能重新定位，在空间上产生了批发功能与物流功能的分离。

我国对批发业的学术研究主要集中在批发市场的研究方面，而且起步较晚，从 20 世纪 90 年代末至今仅有近 20 年的积累。在内容上，对批发市场空间布局及其影响因素的研究较为深入，但缺乏批发市场的空间演变及其形成机制的研究；同时，批发市场作为城市内部的一种物流结点，其货流研究相对薄弱，且往往只有流向而缺乏流量数据，未能很好地描绘、揭示批发市场物流活动的空间特质，也未能为批发业的空间优化提供较好的参考依据。另外，我国学者对批发业交易功能与物流功能的空间分离关注较少，将批发业纳入物流活动中来研究物流空间的成果也不多见。

在物流空间的研究领域中，主要来自交通地理学者和规划学者的视角，研究内容集中在物流结点的空间布局和静态层面的网络空间（即结点之间的关系并非货物的流动信息，而大多是连接线路信息)方面;相对而言,学者对动态的货物流动空间研究不多。有学者认为在地理系统研究中,通过地理流认识地理要素的综合作用、理解和探知其内部状态、模拟真实地理过程等,已经成为理论地理学研究中的一个很重要的内容(牛文元,1992)。然而,这方面的研究却相对薄弱;从研究时段看,货物流动空间受到较早关注,但这方面的成果则相对较少,其中原因之一可能是货物在结点间的流动信息较难获取,相关方面的统计资料不足,以致难以支撑此类型的研究;另一方面也可能与货流空间研究中所采用的技术、方法创新性不足有关。

物流业属于服务业,目的是为货主企业提供物流服务,这使得物流业与其他行业具有很强的关联性,因此物流的研究应与其他行业相结合。但从对目前文献的分析看,相对于物流本身的研究,物流与其他行业相结合的综合研究显得较为薄弱,且偏重于大宗能源(如石油、煤炭资源)的跨区域流动研究。

关于形成机制方面,学者普遍认为物流结点的布局是多种因素综合平衡的结果。但从地理学者角度看,与批发业布局的影响因素类似,交通通达性也是影响物流结点区位的重要因素。物流结点中,仓储和货运设施的布局是学者的研究热点;这些结点布局呈现出分散化、郊区化趋势的同时,也出现了城市中心的集聚,表明是一个复杂的布局演变过程。

我国对流空间的研究主要集中在宏观、中观的区域尺度,相比而言,城市内部流空间的研究较少;也缺乏从综合性、系统性的角度,基于“点—流—网络”来探讨城市的物流空间格局。即使是探讨综合性的物流(网络)空间,文献也主要是基于“点—线—网络”的静态视角进行分析,或是主要采用结点的属性数据(如结点的人口规模、货运量等指标),非结点间的交换信息,也就无法揭示网络中各结点的关系。因此,在对货物流动空间的研究当中,OD 矩阵的构建十分关键，也是开展动态物流空间研究的重要瓶颈。在对OD数据的处理上，学者主要采用了因子分析、场论和图论等技术方法。

正如前面所言，批发市场是我国经济社会发展过程中的一大特色，几乎涵盖了各种各样的商品，且一直保持蓬勃发展的势头，这也是导致我国对批发业的研究主要集中在批发市场方面的重要原因之一。因此，在前人研究的基础上，本书从"点—流—网络"角度较为系统地探讨批发市场的物流空间格局，具体是基于对批发市场的资料收集和商户调查数据，分别研究了结点的空间演变特征及其所形成的货流网络空间，并探讨了物流空间背后的形成机制；研究尺度包括了城市外部和城市内部区域，是宏观、中观和微观尺度的有机结合；研究方法上尝试引入社会网络分析、基本—非基本经济活动分析等方法，以期能清晰地刻画出货物的流动空间。同时，也期望本研究有助于加强经济地理学中对批发业和物流业空间的研究。

第三章 批发业和物流业在广州的地位与作用

批发市场的物流空间格局及其形成机制涉及城市的批发业和物流业，这两个行业都是流通业的重要组成部分。因此，本章首先对广州市流通业的历史发展传统进行梳理，在此基础上分析两个行业的发展水平，以加深了解城市批发业和物流业的发展历史背景和现状；最后，考虑到物流活动在批发市场经营中所起的重要作用，本章对广州市物流业的竞争优势进行全面分析。本章不仅是本书研究主题的背景分析，也是第六章批发市场物流空间格局形成机制探讨的重要铺垫。

第一节 广州流通业发展的历史传统

广州素有“千年商都”的美誉，从秦汉开始就是我国南方的都会和集散中心。《史记·货殖列传》记述了大约公元前 91 年以前秦和西汉初，全国最大的都会有九个，“番禺（今广州）亦其一都会也，珠玑、犀、瑇瑁、果、布之凑”（赵焕庭，2003）。

广州是我国古代海上丝绸之路的最早始发港和海岸城市（曾昭璇等，2003），具有对外贸易的悠久传统。西汉初年，汉武帝在原来南越国所开辟的航线基础上，进一步加强广州与海外的交往，我国的丝绸通过海上航线不断输往各地，而航线各地的明珠、璧琉璃、奇石异物等也源源不断地流入中国(娄建红,2012)。唐朝时,广州已发展成为我国最大的对外贸易港口,当时在广州居留的阿拉伯商人估计就有10多万(沈光耀,1985)。自隋唐至鸦片战争前,广州基本居于全国第一外贸大港的地位,期间只是南宋到元约100年间曾一度被泉州取代(左正,2002)。明代,由于当时中国(尤其是珠江三角洲地区)手工业、商品农业的迅速发展,以及水陆交通的逐步完善,广州的商业极为繁荣;全国各地许多商品通过广州出口,而广州进口的商品又远贩全国各地(蒋祖缘,1990)。当时,广州首创了外贸交易会,每年夏冬两季定期举办外贸集市(王先庆,2008)。到了公元1757年,清政府规定当时欧美的“西洋船”不能擅自前往广州以外的口岸进行贸易活动;后来连东南亚的“东洋船”也归广州进行统一的外贸管理(周正庆,2000),这就是清政府确立的一口通商制度。该制度使得广州成为全国唯一的法定对外通商口岸,是国内外货物的集散中心。清末到民国时期,广州的商业继续保持繁荣,据不完全统计,民国初年广州城区共有店铺27 524家,全市共有酒店旅馆70多家,茶楼90多家,酒楼餐馆不计其数(张富强,1996)。

上述分析可得,广州作为商贸中心、集散中心的历史传统由来已久,也是广州流通业蓬勃发展的历史根源。作为流通业的重要组成部分,广州批发业和物流业的发展无不受到其重要影响。

第二节　广州批发业的发展水平

由于统计年鉴上没有专门的批发业增加值统计指标,相近的指标为批发和零售业。虽然从中难以剥离出批发业的数据,但也能在一定程度上反映出批发业的发展水平。同时,在对批发和零售业指标分析的基础上,通过统计年鉴上的“批发零售贸易业商品销售总额”指标进行批发与零售的比值(简称“批零比”)计算,可进一步说明广州批发业的发展水平。

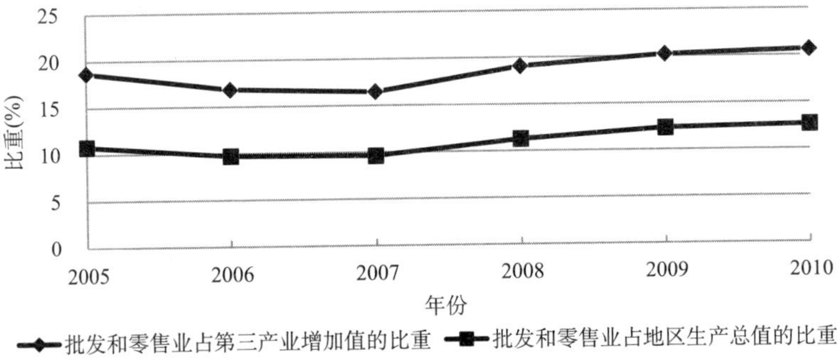

图 3—1　2005～2010 年广州市批发和零售业占第三产业和 GDP 的比重

资料来源:根据广州市 2006～2011 年统计年鉴的相关数据计算而成。

根据图 3—1,近六年来批发和零售业占广州第三产业增加值、地区生产总值的比重较为平稳;前者在 16%～20%,后者在 9%～13%。且两者的发展趋势较为一致,先从 2005 年的较高水平逐渐下降,2007 年为最低值,然后逐渐上升,并超越过去的水平。

而从图 3—2 得知,批零比在改革开放的 30 年来,几乎一直处于 100%以上,但发展的波段性明显。20 世纪 70～80 年代,批零比处于低值徘徊阶段,均在 200%以下;从 20 世纪 80 年代末到 90 年代中期,批零比急速上升,最高值近 500%;20 世纪 90 年代中期至今,可以看作是批零比的高水平徘徊阶段,徘徊在 450%～250%。

若从广州市的两次全国经济普查数据看,两个年份的批发业就业人口占第三产业的比重都高达 10%以上,2008 年以 13.04%位居第一位;而零售业就业人口占第三产业的比重只有 6%左右,远低于批发业。

另外,若将“交通运输、仓储和邮政业”看作物流业,则批发业、物流业的就业人口占广州第三产业就业人口的比重分别位居第一、第

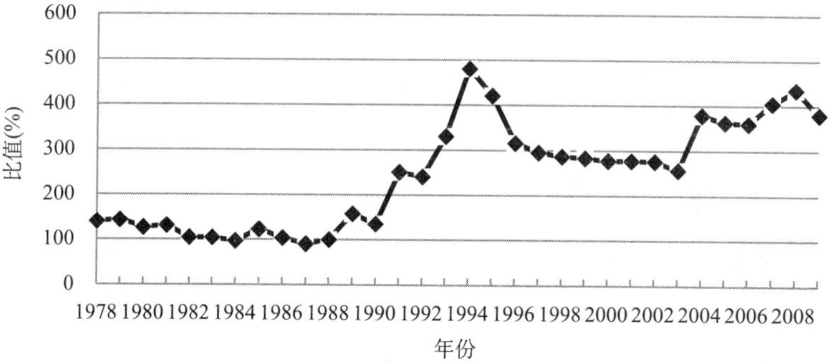

图 3—2 1978 年以来广州市批发业商品销售额与零售业商品销售额的比值

资料来源：根据广州市 1979～2010 年统计年鉴的相关数据计算而成。

二位，两者之和高达 25.76%(2008 年)，具体如图 3—3 所示。

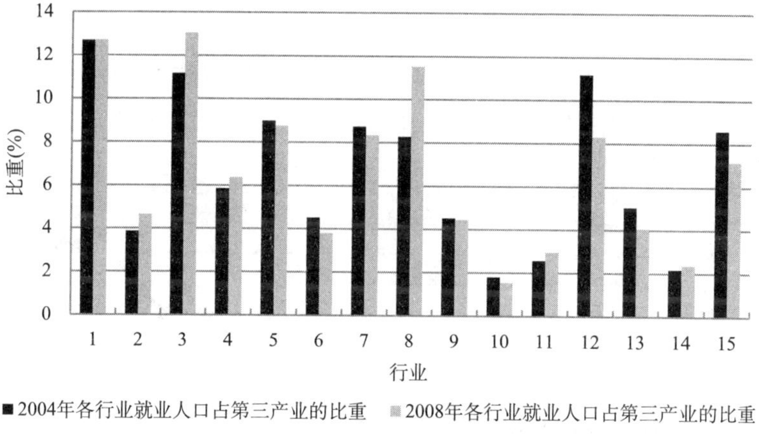

图 3—3 2004 年和 2008 年广州各行业就业人口占第三产业的比重

资料来源：根据广州市两次全国经济普查公报数据计算而成。

注释：这里的就业人口为法人单位的就业人口。1 为交通运输、仓储和邮政业，2 为信息传输、计算机服务和软件业，3 为批发业，4 为零售业，5 为住宿和餐饮业，6 为金融业，7 为房地产业，8 为租赁和商务服务业，9 为科学研究、技术服务和地质勘查业，10 为水利、环境和公共设施管理业，11 为居民服务和其他服务业，12 为教育，13 为卫生、社会保障和社会福利业，14 为文化、体育和娱乐业，15 为公共管理和社会组织。

第三节　广州物流业的发展水平

一、物流业规模

这里以广州统计年鉴上的“交通运输、仓储和邮政(电)业”指标作为物流业发展规模的说明。从图 3—4 可以看出,广州市的物流业发展可分为三个阶段。一是 20 世纪 90 年代初以前的缓慢发展阶段,物流业的产业规模从 1978 年的 60 706 万元上涨到 1993 年的 720 243 万元,平均增长率为 16.72%;二是 20 世纪 90 年代初到 21 世纪初的快速发展阶段,物流业规模在 1994 年突破 100 亿元,到 2002 年达 4 706 214 万元,平均增长率达 17.67%;三是近十年的高位波动阶段,物流业的平均增长率只有 8.13%,但发展已具相当规模,2010 年达 746 亿元以上,占全市 GDP 的比重达 7.04%,占第三产业增加值的比重近 12%,吸纳了近 5%的城市就业总人口。

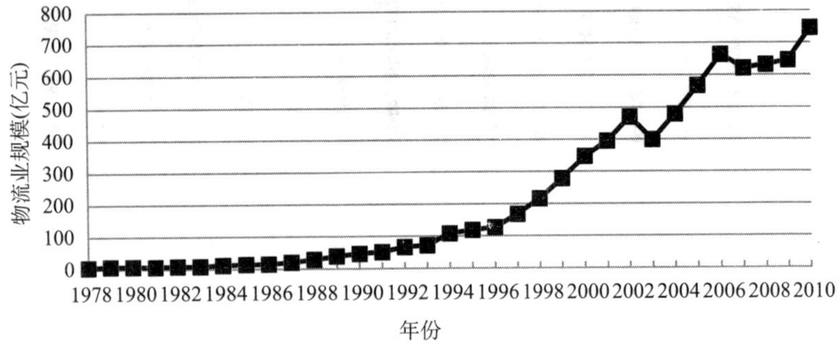

图 3—4　1978 年以来广州市物流业规模

资料来源:广州市 1979～2011 年统计年鉴。

二、物流业的竞争优势分析

上述分析得出，广州市物流业发展已具有一定的规模，占第三产业增加值的比重近12%。从物流活动看，城市物流是在城市内部的物流要素基础之上开展的，而且物流活动在批发业的经营中具有保障作用。因此，这里对广州的城市物流业进行全面的竞争优势分析。广州物流业的竞争优势主要体现在以下方面。

（一）生产要素

物流是物品的实体流动，它为货主企业提供一站式服务，目的是将货物安全、准时地送到准确地点，其主要的生产要素包括人力资源、土地资源、资金资源和基础设施建设等。综观广州物流业的发展历程及现状，高级（专业）人才、交通及通信等基础设施的作用日益重要，是物流业竞争优势的主要组成部分。

广州市的人才资源储备相当雄厚，普通高校在校学生人数约90万，且市内绝大部分高校都专门开设了物流管理及其相关专业，硕士点、博士点也逐渐建立，使得物流后备军的力量日益强大。在交通基础建设方面，广州已基本上建成适应经济发展的综合交通运输体系。2011年公路里程达9 052公里，其中包括京珠、广佛、广三、广清、广深、广惠、广珠、机场、街北等高速，以及G105、G106、G107、G324等国道，而环城高速和北二环高速则将这些道路串联起来，基本上形成环形放射状路网主骨架，公路密度达121公里/百平方公里。在铁路方面，广州是京九、京广两大铁路主干线的交会点，同时又是广深、广茂、广梅汕铁路的起点，2011年铁路延展里程已达3 438公里。在港口建设上，2011年广州港集装箱吞吐量达1 440万标准箱，居全球集装箱大港第七位。在航空运输方面，广州白云国际机场是国内三大门户机场之一，是我国华南地区最大的国际航空枢纽，目前已开通超过500条国内外航线，货邮吞吐量90万吨。

另一方面，生产要素中用工成本、土地资源等要素对物流业竞争优势的贡献有下降的趋势。可以说，过去廉价劳动力的优势已大为减弱，用工成本的提高使得广州对部分企业的吸引力下降。同时，土地资源紧缺，以及物流用地地价持续高昂，成为了物流业发展的瓶颈，在很大程度上削弱了广州的竞争优势。土地是社会发展的根源，物流业的大发展离不开交通干道、物流园区或配送中心等物流结点的修建，这些项目都必须要落地。根据“广州市现代物流发展规划”，到2020年广州将基本建成黄埔、南沙、空港三大国际性枢纽型物流园区和芳村、白云、增城、番禺、花都五个区域性综合型物流园区；其中三大国际性物流园区的总用地规模就分别为10.35、69.8和37.28平方公里。广州市虽然土地总面积较大（达7 434平方公里），但由于多年来对土地进行高强度的开发，其后备资源已不多。

（二）需求条件

从区域角度看，广州所在的珠三角地区是我国人口高度密集区之一，也是全球最大的出口产品加工基地，制造业发达，该地区经过30年的高速发展，已形成了巨大的物流市场需求。地区庞大的物流市场需求是广州物流业竞争优势的重要支撑点，联邦快递的亚太转运中心落户广州便是其中之一体现。

从地方角度看，广州市一直是珠三角乃至我国华南地区的中心城市，GDP位居我国各大城市第三位，经济的快速发展对物流企业产生强大的吸引力。据相关统计，世界500强企业当中已有近1/3的企业落户广州，而且大部分为制造业企业，他们通常采用物流服务外包的形式，从第三方物流企业中购买专业的物流服务。另外，广州本地的工业具有一定的基础，他们的物流外包趋势也日益明显，纷纷从传统的“大而全”经营模式向现代的注重经营核心业务模式转变。

再者，物流是连接生产与消费的桥梁，商品只有经过物流过程才能实现其使用价值。从全社会消费的角度看，广州拥有零售商业网点 10 万多个，是全国十大城市之首；商业的发展必然要求有发达的物流业作支撑，因此也形成了庞大的物流市场需求。最后，从进出口总额看，广州的国际物流需求也十分旺盛。20 世纪 90 年代以来广州市的进出口总值逐年增长，目前位居全国前列。

同时，由于电子商务的日渐成熟，网上购物已成为人们生活中不可缺少的一部分，这就使得城市快递业务、配送业务逐渐增加，因而催生出为数众多的专业配送企业、快递企业，这些企业也是批发市场商家的重要合作伙伴。批发市场商家的产品销售渠道多样，除了在批发市场开设实体店铺外，还在网上开设了电子商铺。借助发达的电子商务平台和快递业务，网上订单可以在短时间内高效完成。

（三）相关及支持产业

相关及支持产业，即产业集群（产业簇群）。波特（2009）认为，产业簇群是在特定领域中，同时具有竞争与合作关系，且在地理上集中、有交互关联性的企业、专业化供应商、服务供应商、相关产业的厂商，以及相关的机构（如大学、制定标准化的机构、产业协会等）。物流业形成的产业簇群不单包括产业内部，还包括物流与工商业所形成的簇群。

从物流业外部看，以广州为中心的珠三角地区是全国重要的制造业基地，工业体系中以汽车、石化、电子信息为主，近年还发展起生物医药、高新科技和现代服务业，这些产业都为物流业提供了有力的运作保障，也是批发市场商品的重要供应源之一。

从产业内部看，2005 年广州市有物流企业 5 566 家，其中注册资本 500～1 000 万元的 371 家，注册资本超过 1 000 万元的 187 家，UPS、日本通运、日本邮船、丹麦马士基、荷兰天地快运等大型跨国物流公司达 15 家。截至 2007 年年底，广州地区 A 级物流企业总数已达 28 家，仅次于上海，位于全国第二位。物流企业在地理上的集中，最典型的体现形式是物流园区。目前，广州正打造三大国际性枢纽型物流园区和五个区域性综合型物流园区。其中，黄埔物流园区已成为广州东部产业带的物流基地，宝供物流、南方物流、网丰物流、新科安达、中联盛和中国电力南方公司物资中心等一批规模大、档次高的总部型物流项目先后在黄埔投资，中国外运广东有限公司、中国广州外轮代理公司等现代物流企业在黄埔的业务也不断发展壮大。南沙国际物流园已建成十个 5～10 万吨级的深水货柜码头，开通国内国际航线近 30 条，世界排名前十位的国际班轮公司已经有九家进驻。全球最大的工业及物流基础设施提供商和服务商——美国普洛斯公司也已正式落户南沙。广州空港物流园区是我国三大国际航空物流园区之一，重点发展以国际航空物流和第三方物流为主的现代物流业，目前吸引了众多国际知名的物流企业进驻。显然，三大国际物流园区将是广州市物流业发展的重要节点，也是广州的城市亮点。

(四) 政府支持

作为竞争优势的一个因素，政府的作用不容忽视。近年，物流业已被我国列入十大振兴规划，昭显其对国家经济发展的重要作用。不管是中央政府还是地方政府，对物流业的发展都是相当重视的。广州市政府制定了“广州现代物流发展规划纲要”、“广州市现代物流发展规划”、“广州市物流园区发展规划”、“广州市粮食现代物流规划”、“广州市现代服务业发展‘十一五’规划”等系列与物流业有关的发展规划，并于 2007 年 4 月发布了“加快推进我市现代物流业发展的意见”，从资金、用地、财税、信息化、通关、用电等方面予以扶持和优惠，以加快推进现代物流业的发展。2010 年，出台了“加快推进广州建设成为亚洲物流中心工作方案”，该方案指出广州要依托航空物流、国际远洋集装箱物流、区域性道路运输枢纽等现有的平台，用六年的时间推进保税物流体系建设，形成海陆空复合型的现代物流集聚高端基地，促进广州物流业实现跨越式发展。2011 年公布“广州市关于改善中心城区交通状况的工作措施”，内容包括推进中心城区货运市场的清理、整治和搬迁，以及实施批发市场的转型升级格局调整。

第四节　小　　结

广州具有“千年商都”的美誉，自古以来就是我国重要的通商口岸和货物集散地。因此，广州的商贸活动极为活跃，商业氛围浓厚，是城市批发业和物流业蓬勃发展的基础。批发业和物流业是广州的重要产业，两行业的就业人口占全市第三产业就业人口的比重分别位居第一、第二位，两者之和高达 25％。

物流业在广州的经济发展中起着重要作用，其竞争优势包括良好的基础设施建设、丰富的人力资源等有利的生产要素条件，还有建立在雄厚的工业基础和繁荣的商贸活动之上的庞大的物流需求，以及产业集群逐步形成、政府大力支持等。显然，良好的竞争优势对于批发贸易活动的顺利进行具有强大的保障作用。

第四章　广州批发市场的空间格局

第一节　批发市场的发展历程

广州批发市场从20世纪70年代末80年代初开始得到较快发展，从1983年的八个小型农副产品批发市场发展到2008年的上千个市场仅用了20多年的时间（图4—1）。整体上看，广州批发市场的发展可以分为以下五个阶段。

第一阶段是1949年新中国成立到改革开放之前，在国家的计划经济时期，批发业处于垄断地位；加上"流通无用论"成为了当时的理论主流，从而造成当时广州批发业中，传统国营三级站的批发组织结构体系占绝对支配地位，基本上没有批发市场这种市场形态（王先庆，2008）。

第二阶段是改革开放初期（1978～1985年），是批发市场的起步阶段。国家从计划经济到以计划为主、市场调节为辅，批发市场得到发展，广州市在1983年开始出现了8个小型农副产品批发市场；1985年，出现了20个工业消费品批发市场。

第三阶段是1986～1999年，是广州批发市场的发展和全面展开阶段，批发市场的数量由20世纪80年代中期的不到50个上涨到2000年的200多个，且商品种类齐全，市场的区域辐射能力不断增强。

第四阶段是2000～2005年，是广州批发市场速度和档次双提高、转轨发展阶段（欧开培等，2007），批发市场数量不断增长（到2005年批发市场的数量已多达500多个)，而且经营范围不断扩大；空间布局上，白云、增城、番禺、黄埔等外围区域的批发市场数量逐渐增加。

第五阶段是2005年以后，批发市场的转型升级、空间优化阶段。这一阶段，广州的批发业继续繁荣，批发市场在数量规模上继续扩大，但由于批发市场经营所带来的各种城市问题也接踵而至，政府开始给予了更多的关注，系列有关批发市场的政策措施出台。如“广州市工业品批发市场建设管理规范(暂行)”，“广州市关于改善中心城区交通状况的工作措施”等，都提出了实施批发市场转型升级、布局调整的意见和措施。

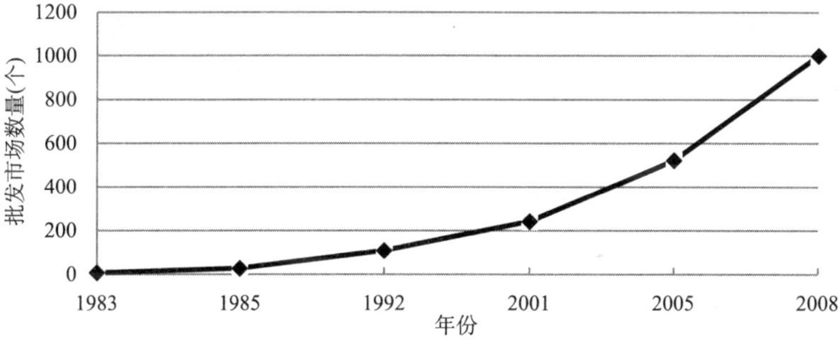

图4—1　1983～2008年广州市批发市场数量

为了进一步弄清广州批发市场的发展历程，尤其是它们的时空演变轨迹及特征，本章运用遥感影像解译、GIS空间分析等主要方法，定量和定性相结合对批发市场的布局演变、演变轨迹和演变特征进行分析。

另外，从目前所掌握的文献看，学者对批发市场的空间布局关注多是基于静态层面(即关注市场的现状空间分布)，较少从时间演变的动态角度来研究市场的布局特征，未能很好地揭示内在规律。这也是本章要解决的重要问题。

第二节　批发市场的空间演变

一、演变历程

(一) 20 世纪 80 年代

20 世纪 80 年代在广州开业的批发市场主要分布在荔湾区和越秀区，以一德路、天成路、黄沙大道、十三甫路、高第街等一带最为集中，经营的商品主要为文具、印刷器材和工业品等；站西地区开始出现鞋业、钟表等批发市场；中大布匹市场、沙河的服装市场也在这一阶段兴起。在黄埔区、白云区、从化市等广州的城市外围区域出现了若干以经营农副产品为主的综合批发市场。总体而言，这一阶段的批发市场经营规模较小，占地面积多在 3 000～9 000 平方米的范围。

(二) 20 世纪 90 年代

这一阶段是广州批发市场的成长期，尤其是 20 世纪 90 年代中后期，全市批发市场发展迅速，经营类别广泛，为日后批发市场群的形成奠定了坚实的基础。荔湾区和越秀区仍然是批发市场的集中区域，且出现了占地规模超 10 000 平方米的市场；其次是白云区和海珠区，两区的批发市场数量也持续增长。这一阶段在荔湾区开业的批发市场主要经营装饰材料、电子电器、文体用品、花卉和鞋业等商品；越秀区批发市场所经营的产品类别与荔湾区有一定的相似性，如电子电器和文体用品等。此外，一批服装、汽配批发市场相继在越秀区开业，包括火车站附近的流花、白马、红棉、站西等服装市场和永福路一带的福怡、永福汽配市场等。在白云区开业的批发市场，继续以经营农副产品为主，规模较大的有白云山农产品综合批发市场(占地规模达 85 000 平方米)、江南农副产品批发市场、东旺食品批发市场、越秀蔬菜批发市场、东宝蛇类禽畜批发市场、谢家庄农贸综合批发市场、运城水果批发市场等；皮具、装饰材料、汽车用品等批发市场开始在白云区兴起，如梓元岗一带的中澳商贸城、东升皮具批发城、新观绿皮具总汇，以及机场路——黄石路一带的安华装饰材料城、安华灯饰城、黄石汽车用品批发广场等。这一阶段，海珠区布匹批发市场的发展得到加强，如新开业的天雄纺织城、中大长江服装辅料市场，以及在原来布匹市场上升级改造而成的长江布匹交易城。此外，以经营五金、塑料、厨具和酒店用品的批发市场也相继开业，包括海珠五金塑料交易城、南泰百货批发市场、华南汽贸广场、粤景五金交电市场和南天国际酒店用品批发市场等。天河区在原沙河一带的服装批发市场基础上，新开业了沙东工业品市场、万佳等服装市场；在岗顶一带则开始出现以经营电脑、电子产品为主的专业市场，如太平洋电脑城和广州电脑城(东城)等。同时，规模较大的天平架水果批发市场也在天河区开业。

这一阶段在城市外围区域开业的批发市场数量相对较少，经营类型主要为金属材料和五金产品，如番禺区的沙溪海珠五金塑料城、黄埔区的广东金属物资市场和增城市的新塘钢材市场等；相对于城市中心的批发市场，这些地方的市场占地规模普遍较大，如黄埔区的广东金属物资市场的占地面积就达 210 000 平方米。

(三) 2000 年以来

2000 年以来，是广州批发业发展的迅猛时期，批发市场数量不断增长，而且经营范围不断扩大；2005 年以后，批发市场的升级改造力度日益加强，新开业的批发市场比起传统的市场无论在经营规模、交易方式，还是市场管理等多方面都有着较大的进步。这一阶段，新开业的批发市场依然集中在荔湾区、越秀区和白云区等区域，批发市场的集聚性和专业性均在原有的基础上进一步加强。例如，荔湾区多分布以经营茶叶(包括南方茶叶市场、三一国际茶叶贸易中心、芳村茶叶城等)、文具精品(包括登云天下、南澳文体用品市场、华林国际饰品城等)和鞋业(包括西城鞋材市场、天和商贸城、步云天地、富力国际鞋城等)为主的批发市场;越秀区主要分布以经营海味干货(如海中宝、山海城等市场)、精品饰品(如万福精品广场、万菱广场、北京大厦精品饰品批发城、以太饰品总汇等)、汽配产品(如盛大国际、永福国际汽车用品城等)为主的批发市场;白云区的批发市场以经营皮具、副食品和美妆品为主,包括梓元岗一带的三一、汇豪、中港以及白云世界等皮具城,以及槎头蛋品、新源粮油、江村家禽等农副产品批发市场和瑶台的美博城等美妆品市场。这一阶段也是海珠区中大布匹批发市场群发展的重要时期,中大长亨布匹商贸城、华岭家纺窗帘城、国际轻纺城、长江窗帘布艺城、中大九洲轻纺广场以及广州长江(中国)轻纺城等相继开业。天河区沙河一带的服装批发市场群随着新天地、益民等市场的开业也得到了发展。此外,岗顶一带的南方电脑城、颐高数码城的开业也加强了这一区域电子、电脑产品市场的集聚。

这一阶段,番禺、黄埔、增城等外围区域的批发市场有了较大发展,且占地面积普遍较大。在番禺区开业的市场主要经营酒店用品、装饰材料等产品,包括沙溪国际(占地 120 000 平方米)、迎宾豪泰、沙溪新翼(占地 150 000 平方米)等酒店用品城,以及恒生商贸、五洲装饰世界和五洲城国际建材中心(占地 150 000 平方米)等五金、建材批发市场;黄埔区分布有鱼珠建材(占地 600 000 平方米)、鱼珠国际木材(占地 360 000 平方米)等大宗商品的专业市场,还有 2005 年开业的国际玩具城。其余大规模的批发市场还包括 2000 年开业的花都区的狮岭(国际)皮革皮具城、2003 年开业的增城市的新塘国际牛仔城,目前它们在整个华南地区,乃至全国均有着较大的市场份额。

二、演变轨迹

为了进一步弄清近30年来广州批发市场的时空演变过程，这里引入“重心”的计量方法，以期从定量角度捕捉批发市场的空间演变轨迹，从而揭示批发市场布局的不平衡现象。“重心”原本是一个物理学概念，是指物体内各点所受重力产生合力的作用点；应用于经济活动中，是指在区域空间上存在某一点，在该点前后左右各个方向上的力量对比能够维持均衡（廉晓梅，2007）。

（一）理论模型

根据广州市的行政区划（下辖10区2市），本章将全市划分为12个单元，将每个单元的行政中心坐标记为（X_i，Y_i），G_i为某平面单元上的批发市场数量，则广州市批发市场的重心坐标为：

$$X = \sum_{i=1}^{12} G_i x_i / \sum_{i=1}^{12} G_i \qquad (4—1)$$

$$Y = \sum_{i=1}^{12} G_i y_i / \sum_{i=1}^{12} G_i \qquad (4—2)$$

（二）计算结果

为了研究方便，这里基本以五年为一个分析时段，并将各年份开业的批发市场归为七个时段，重心坐标取每一时段里的平均值。计算结果如表4—1所示。

表4—1　广州市批发市场重心坐标计算结果

时段	x	y
1979～1980	732 118.7515	2 557 602.812
1981～1985	733 976.1459	2 562 864.555
1986～1990	743 211.7061	2 567 428.58

续表

时段	x	y
1991～1995	736 399.7689	2 564 177.321
1996～2000	734 613.4269	2 562 193.038
2001～2005	737 355.6125	2 561 510.321
2006～2011	735 684.6927	2 561 021.511

根据上述的计算结果，在 GIS 软件里进行了可视化，如图 4—2 所示。从图中看到，广州批发市场重心一开始位于海珠区与越秀区交界、并靠近荔湾区的地方，整个 20 世纪 80 年代都逐渐往东北移动，先是在越秀区跟白云区交界的地方，然后是天河区；从 20 世纪 80 年代末 90 年代初起，批发市场重心开始往中心城区方向移动，近年回到内环路附近。因此，表明广州批发市场的布局具有较强的向心性特点。

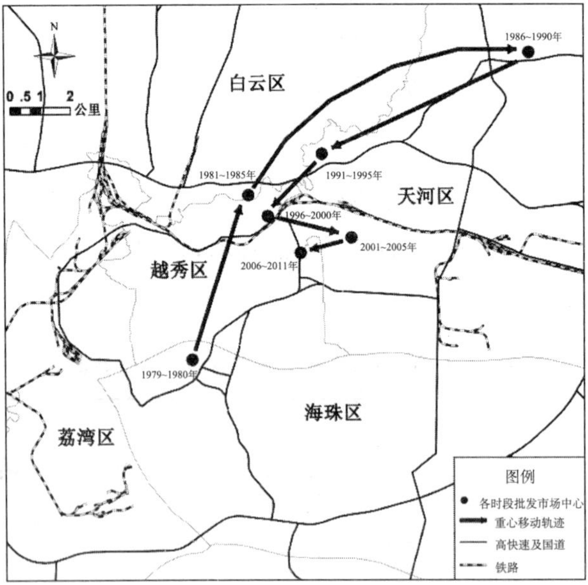

图 4—2　广州批发市场的空间演变轨迹

三、演变特征

(一) 城市中心布局偏好突出

根据广州市交委的资料,随着城市空间的不断拓展,环城高速以内的区域已发展成为广州的中心城区。因此,这里把城市中心界定为现在的环城高速以内的连片开发的建设用地区域。

经匡算,在本章的 213 个批发市场样本中,有 153 个在环城高速区域内(即中心城区内),比重高达 71.83%;而中心城区的面积占整个广州市土地面积的比重却不到 5%,也就是说,70%以上的批发市场集聚在全市不到 5%的地方。

由于资料的获取局限,本文选取部分年份开业的批发市场情况来说明市场发展与城市中心的关系。这里所涉及的批发市场样本数为 141 个,占样本总数的 66.82%,具有一定的代表性。首先对 1979 年、1986 年、1990 年、1994 年、2000 年、2003 年和 2008 年的遥感影像进行解译,得到七个年份的广州市中心城区空间位置情况;然后将与七个年份同期(指近三年)开业的批发市场图层叠加,从而分析市场的空间分布情况。

表 4—2 为两图层叠加后相应的统计情况,结果显示批发市场具有明显的城市中心布局偏好,每一时期在中心城区开业的市场数量均占同期开业的批发市场总数的 50%以上,个别时期还高达 80%。

(二) 从城市中心沿交通干道扩展

20 世纪 80 年代,批发市场主要集聚于荔湾区、越秀区的一德路、天成路、高第街、站西路等老城街道。到 20 世纪 90 年代沿广园路、增槎路、机场路、沙太路、广州大道等城市主要干道扩展,90 年代形成的这种格局在 2000 年以后得到进一步加强。尤其是随着 2000 年内环路的建成通车,批发市场在内环路沿线布局的趋势更加明显(图 4—3)。

表 4—2　1979～2009 年批发市场在广州中心城区开业的数量和比重

年份	开业的批发市场数量(个)	在中心城区开业的批发市场数量(个)	在中心城区开业的批发市场占同期开业的批发市场的比重(%)
1979～1981	5	4	80.00
1985～1987	9	5	55.56
1990～1992	15	10	66.67
1993～1995	35	21	60.00
1999～2001	29	16	55.17
2002～2004	29	23	79.31
2007～2009	19	11	57.89

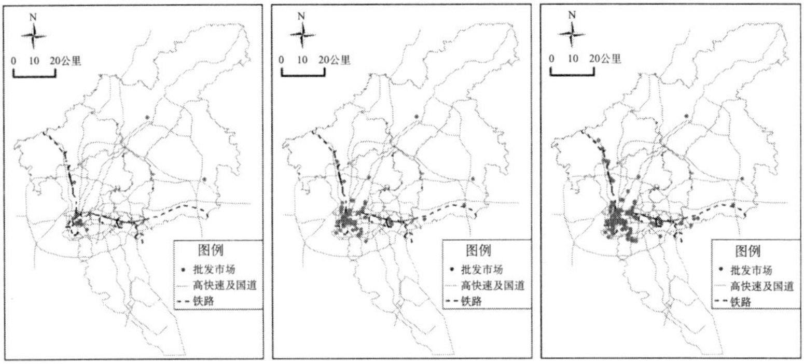

a. 20世纪80年代　　b. 20世纪90年代　　c. 2000年以后

图 4—3　广州批发市场的空间格局演变

(三) 集聚和扩散作用同时发生

根据上述两点的分析，从城市地域空间看，30 年间批发市场聚集在城市中心的同时，也沿城市主要干道从城市中心向外围扩散，出现了明显的郊区化进程;郊区化进程在 20 世纪 80 年代中期至本世纪初这一阶段较为突出。这表明,批发市场的布局演变过程中,集聚和扩散作用同时发生,是一个较为复杂的过程。

第三节 不同类型批发市场的空间格局

一、类型划分

批发市场有多种类型,如按交易的商品对象,有农产品、工业消费品和生产资料批发市场。普遍认为,不同商品类型的批发市场在空间布局方面均有各自的特点。本章第二节是探讨了全市批发市场的总体空间布局及演变特征,本节根据收集到的样本资料,将广州批发市场划分为以下类型(表 4—3),并进一步分别探讨主要类型市场的空间特征。

表 4—3 广州批发市场类型

批发市场类型	所含主要商品	批发市场样本数(个)	占样本总数的比重(%)
农副产品	花卉、茶叶、果蔬、水产品、家禽、粮油蛋品、副食品等	53	24.88
纺织品	布匹、成衣、服装辅料、袜子等	31	14.55
文体用品	精品、文具、玩具、体育用品、眼镜、图书、音像制品等	27	12.68
皮材皮具	皮具、皮革、箱包、鞋材、鞋等	25	11.74
日用品	五金、塑料、酒店用品、美妆品等	19	8.92
建材	金属材料、木材、装饰材料等	18	8.45
电子电器	电子、电脑及元件、电器、音响等	14	6.57

续表

批发市场类型	所含主要商品	批发市场样本数(个)	占样本总数的比重(%)
汽车用品	汽车配件等	10	4.69
综合	——	8	3.76
其他	——	8	3.76
总和	——	213	100

根据表4—3,广州批发市场可以划分为十种类型,其中农副产品批发市场的数量最多,占样本总数的比重为24.88%,交易的主要商品有花卉、茶叶、果蔬、水产品、家禽、粮油蛋品、副食品等;以布匹、成衣、服装辅料、袜子等为主要商品的纺织品批发市场在广州也占有一定的比重,占样本数的14.55%;占样本总数比重达10%以上的还有文体用品批发市场和皮材皮具批发市场,分别为12.68%和11.74%;各类型批发市场的空间分布如图4—4所示。

二、空间布局

内环路和环城高速是广州市主要的交通干道,也是广州市路网骨架的重要构成部分。笔者以环城高速路为界,将环城高速路内部区域当作广州市的中心城区,外部为城市的发展区。在中心城区内,又以内环路所包围的区域最为核心,该区域是广州历史上的商贸中心、城市中心。因此,这里先将广州的城市空间分为三个圈层,最里圈为内环路所包围的地域,是核心圈层;中圈为内环路与环城高速路之间的中心圈层;外圈为环城高速路到城市边界之间的区域,属于外围圈层。然后,统计各类型批发市场在各圈层的分布情况,从而分析不同类型批发市场在城市的布局特征。

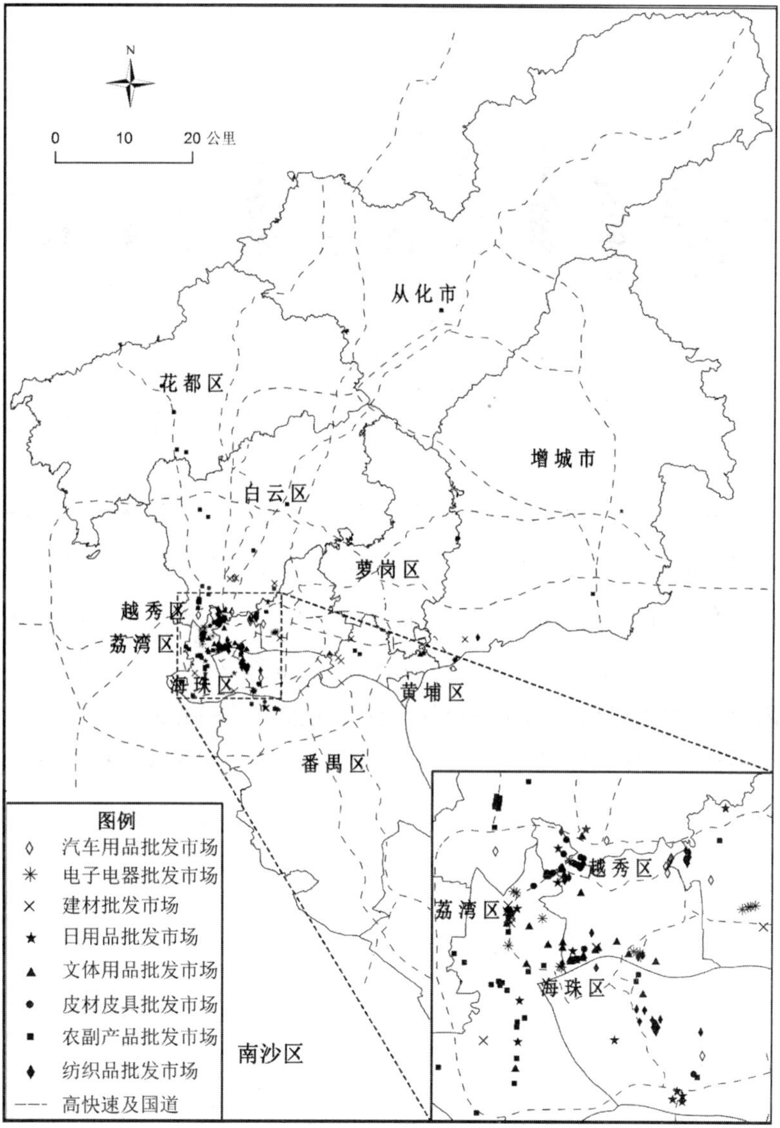

图 4—4　广州各类型批发市场的分布

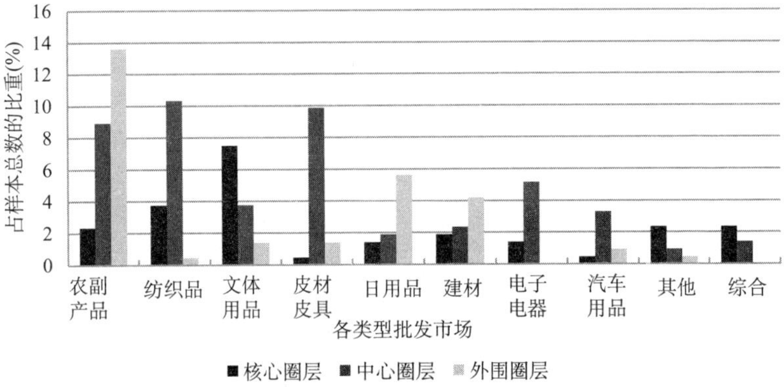

图 4—5 各类型批发市场在城市各圈层的分布

根据图 4—5，广州各圈层内的批发市场具有以下分布特征：核心圈层主要布局文体用品市场；中心圈层以布局纺织品、皮材皮具及农副产品市场为主，电子电器产品市场也占有一定的比重；外围圈层以农副产品市场为主，日用品市场和建材市场也占有一定比重。具体而言，农副产品市场从城市核心向外围递增的趋势突出，文体用品市场从城市核心向外围递减的趋势明显；日用品市场和建材市场也呈现出从城市核心向外围递增的趋势；另外，纺织品市场、皮材皮具市场以及汽车用品市场主要集中在城市中心圈层。

三、空间演变

由于资料的局限，同时考虑到农副产品批发市场、纺织品批发市场、文体用品批发市场和皮材皮具批发市场是广州重要的批发市场类型(表 4—3 的数据显示它们的市场数量各占样本总数的比重达 10%以上)，这里以四类批发市场为例，分析它们各自的布局演变特征。

（一）农副产品批发市场

农副产品市场的布局演变具有大分散、小集中的特点。20 世纪 80 年代，零散分布在城市外围，90 年代在城市外围开业的市场增多，且沿主要的交通干道分布，2000 年以来则集聚作用日益明显，形成增槎路一带和芳村花地—龙溪一带的集聚分布。其中，前者以果蔬、粮油蛋品、副食品等为主要销售商品，后者销售茶叶和鲜花等农产品为主。

（二）纺织品批发市场

无论是 20 世纪 80 年代或 90 年代开业的市场，还是 2000 年以后开业的市场，纺织品批发市场的布局几乎都集中在环城高速路以内的区域，主要集聚在火车站流花地区、天河区沙河濂泉路一带，以及海珠区新港西路—瑞康路等三个地域。前两个地域以销售成衣为主，后一地域以布匹、服装辅料等为主要商品。此外，于 2003 年在增城新塘开业的国际牛仔城是牛仔布匹、牛仔服饰的重要批发市场，也是广州城区内纺织品批发市场同类产品的重要供应源。

（三）文体用品批发市场

文体用品批发市场的布局演变轨迹跟纺织品市场的类似，但其城市中心布局特征更为明显，大部分集聚在核心圈层（以一德路一带最为密集）。20 世纪 80 年代开业的市场，有 50％分布在内环路内部地域；20 世纪 90 年代和 21 世纪，该比重则高达 70％。

2005 年在黄埔区开业的国际玩具城（远离一德路），政府寄予了分流中心城区文体用品批发市场的期望，但效果并不理想。从而也说明了，集聚性是批发市场经营的重要影响因素。

（四）皮材皮具批发市场

皮材皮具市场的空间布局变化也不大，30 年来基本上在白云区梓元岗和火车站附近集聚。此外，2000 年在花都开业的狮岭（国际）

皮革皮具城规模较大，目前已成为全国同类产品的重要批发市场之一，也是梓元岗一带批发市场的重要供应源。

四、集聚与扩散

总体上看，集聚性几乎是各类批发市场布局的重要特征，也因而在某些特定地域上形成（专业）批发市场集群。与此同时，各类批发市场在空间上的扩散现象也较为明显。笔者认为，这些专业批发市场的空间扩散分为两种，一种是接触性扩散，新旧市场之间在地域上具有邻近性；另一种是跨越式扩散，新旧市场在空间地域上具有远距离的特征。实际上，接触性扩散可以看作是专业批发市场在某个地域的集聚，仍属于集聚现象。这里以集聚扩散和跨越式扩散较为典型的批发市场进行说明，分别是农副产品市场——广州芳村的茶叶批发市场，及文体用品市场——以一德路为核心的玩具、文具、精品市场和广州（国际）玩具礼品城。

（一）茶叶批发市场

广州是我国最早的茶叶出口地之一，其茶叶贸易历史悠久，在清朝时期已经是盛极一时。一口通商制度（乾隆二十二年，即 1757 年）确立之后，广州作为全国唯一法定的对外通商港口，担负着全国货物的对外贸易；而在中国对外输出的货物当中，茶叶占了相当大的分量，除了一部分经过陆路运往俄罗斯外，其余皆需通过广州港外运（胡乐伟，2011）。目前，广州芳村的茶叶批发市场已发展成为亚洲最大的茶叶集散地，集中了南方茶叶市场、芳村茶叶城、大笨象国际茶叶城等 10 多个大型的茶叶市场。其中，位于石围塘洞企石路的南方茶叶市场历史最为悠久，虽然它是在 2000 年经政府批准，正式成立，但其实质上是传统市场升级改造的结果，它的发展已有几十年的历史。据资料显示，20 世纪 40 年代开始，芳村的石围塘洞企石路附近就有自发形成的民间茶叶作坊，通过前店后厂的方式售卖茶叶，并发展成为小型的茶叶市场；从 20 世纪 70 年代开始，尤其是 20 世纪 80 年代中期以后，经过多次的升级改造，南方茶叶市场逐渐形成规模庞大的茶叶批发市场。在此基础上，锦桂茶叶市场、三一国际茶叶市场、芳村茶叶城、江南茶博园等相继在附近开业，使得芳村成为全国最大的茶叶集散地，享有“中国茶市看广州，广州茶市看芳村”的美誉。虽然不少专家和业内人士认为广州目前的茶叶市场已经饱和，但在对芳村茶叶市场商圈前景看好的情况下，仍有大型的、现代化的茶叶批发市场开业。2010 年 9 月 28 日，位于芳村大道山村地段，与洞企石路及南方茶叶市场相通的启秀茶城在原广州铝材厂地块上开业，是广州产业“退二进三”的重要体现，建筑面积约 40 000 平方米，拥有商铺 500 多间，还配套有五个停车场。几乎同一天开业的是迎海国际茶都（9 月 27 日开业），它位于芳村茶叶市场商圈的边缘、广佛交通运输主要干道的穗盐路旁，总投资超 4 亿元，占地约 200 000 平方米，可容纳 50 万人同时进场交易，被誉为广佛交界的茶业航母。

虽然广州芳村的茶叶市场经营历史悠久，且规模庞大，但由于市场一开始是自发形成，缺乏规划和相应的管理秩序，致使传统市场大多具有散、乱的问题。而且市场的配套设施不完善，无论是硬件和软件都与市场经营脱节，导致物流运作过程不顺畅、经营环境质量下降等。批发市场的升级改造逐渐受到各方重视，新开业的批发市场是改造的成果，同时也对传统市场带来了挑战和激励。

> 我们一开始在南海桂城做茶叶，后来为了扩大经营，做大市场，我们搬迁到了广州的南方茶叶市场，一做就是十年。最近迎海国际茶都开业了，我们就搬了过来。虽然现在它还是有点冷清，但我们做熟客生意的，影响不大。这里虽然是广佛两地的交界，但离芳村的茶叶商圈不到 10 分钟，还是很近的。这边最吸

引我们的是便宜的租金(黄金商铺租金低至25元/平方米,仓库11元/平方米),比南方茶叶城便宜多了。而且,这里的规划你都看到了,非常的清晰。南方茶叶城的规划很乱,门牌号乱七八糟,有一次,一个客人找了我们大半天也没找着。

——商家访谈(2011年3月25日,迎海国际茶都)

(二)玩具礼品、批发市场

广州(国际)玩具礼品城就是广州一德路玩具礼品批发市场跨越式扩散的典型例子。

越秀区一德路是广州最早和最大的玩具、礼品批发零售一条街,是全国有名的玩具、礼品集散地。与芳村的茶叶批发市场类似,经过了几十年的发展,一德路的玩具、礼品批发市场也面临转型升级的阶段。在这过程中,政府出台了不少的政策措施,如拆除了原有的一批不适合继续经营,或者违章建筑的市场,艺景园精品城就是其中之一。政府于2008年6月拆除艺景园精品城,并试图引导市场内的商户进驻到广州(国际)玩具礼品城。

广州(国际)玩具礼品城位于黄埔南岗,于2005年开业。礼品城的建设初衷是打造全球最大的国际玩具礼品城,集商贸、展示、物流、科研、消费等于一体的国际化综合性大平台。而且政府希望它能带动一德路商圈的升级改造,通过分流玩具经营商家从而改善一德路的经营环境。然而从2005年开业至今,礼品城的经营一直十分惨淡,不少学者、业界人士都对其经营状况进行了探讨。主要原因归结为远离一德路商圈,而且地处郊区,人流量小,周边也缺乏相关产业基础等,这些因素都对商家、客户带来了不利的影响。这一例子说明,批发市场的搬迁要慎重考虑,如果忽略市场自身的布局规律,只能损害原来已经发展起来的行业基础。

(国际玩具礼品城)这么远,谁会过去啊。以前的客户都习惯来这里(一德路),黄埔南岗在哪里都不知道;那边的人气又不旺,零售又做不起来,每天的订单都少得可怜。现在所剩的经营商铺都寥寥无几了,很多人都撤了回来。

——商家访谈(2011 年 4 月 5 日,万菱玩具精品家居饰品批发中心)

五、批发市场群

以上分析得出,不同类型的批发市场在城市内部具有不同的空间分布及其演变特征,这些不同类型的市场(即专业批发市场)在地理空间上均具有一定的集聚性,从而导致专业的批发市场集群出现。除了上述提到的农副产品、纺织品、文体用品、皮材皮具等批发市场群外,在番禺沙溪、机场路—黄石路、海印和岗顶、越秀区永福路四个区域上也分别集聚了日用品、建材、电子电器和汽车用品批发市场群。

为了更全面了解广州的批发市场群状况,除了本章分析得到的批发市场群分布外,笔者还结合广州市商业网点规划,将对广州市 21 个批发市场群(含批发市场园区,下同)进行研究,这些批发市场群经营的产品涵盖了农副产品、纺织品、汽车汽配、皮革皮具、电子电器产品、建筑装饰材料、精品和文具等各种商品(图 4—6、表 4—4)。

这些批发市场群的布局呈现以下两大特征,具体见图 4—7。

(一) 交通指向性明显

由于货物集散量大,流通周期短且频繁,批发市场通常布局在交通便捷的地方,以内环最为密集;内环沿线布局了 8 个批发市场群,占总数的 1/3 强,其中火车站附近更是分布有流花服装、站西鞋业和梓元岗皮具等大规模的批发市场群。另外,环城高速、二环、105 国道、广清高速、广惠高速、机场高速、广园快速路等广州的城市主要通道沿线均有分布。

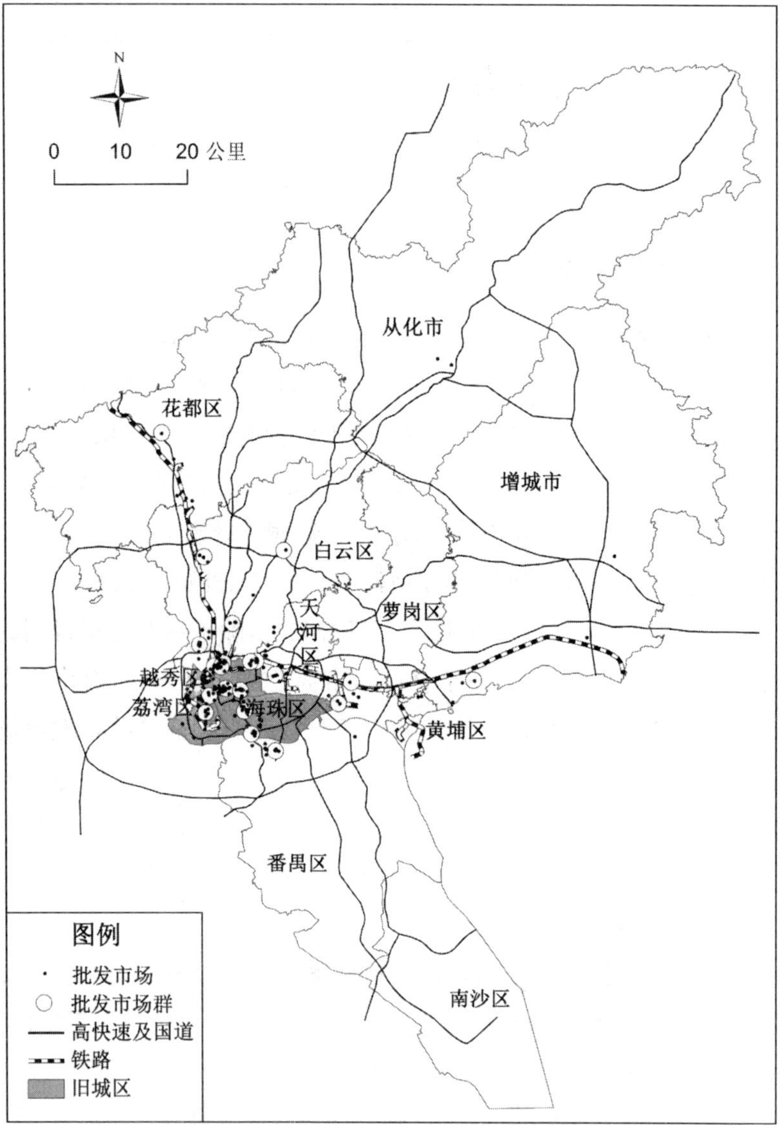

图 4—6　广州批发市场群分布

表 4—4　广州批发市场群

序号	名称	类型	主要商品	所属行政区域
1	花地—龙溪	农副产品	花卉、茶叶等	荔湾区
2	白云增槎路	农副产品	果蔬、粮油、蛋品等	白云区
3	增城新塘	纺织品	牛仔服饰、牛仔布等	增城市
4	白云江高	农副产品	农产品	白云区
5	白云太和	农副产品	农产品	白云区
6	黄埔茅岗	建材	金属材料等	黄埔区
7	站西路鞋业	皮材皮具	鞋、皮料等	荔湾区
8	天河 IT	电子电器	电子产品、电脑等	天河区
9	海印电器	电子电器	电子产品、电器等	越秀区
10	流花服装	纺织品	服装等	越秀区
11	沙河	纺织品	服装等	天河区
12	中大布匹	纺织品	布料、辅料等	海珠区
13	花都狮岭	皮材皮具	皮革、皮具等	花都区
14	永福路汽车用品	汽车用品	汽车配件等	越秀区
15	梓元岗皮具	皮材皮具	皮具、皮革等	白云区
16	黄沙—南岸	综合	水产品、文具等	荔湾区
17	一德路	文体用品	精品、玩具、干货等	越秀区
18	机场路—黄石路	建材	装饰材料、建筑材料等	白云区
19	番禺沙溪	日用品	酒店用品、五金等	番禺区
20	广州大道南	综合	酒店用品、汽车汽配、纺织品等	海珠区
21	黄埔鱼珠	建材	木材、金属材料等	黄埔区

（二）地域集中性突出

行政区划调整后，广州市的旧城区为荔湾、越秀和海珠区，这三个区也是批发市场的集聚区域，其中就分布有9个批发市场群。这种布局跟交通指向性布局有一定的耦合性，因为旧城区也是交通通达性高的区域。但由于缺乏港口、物流园区（中心）等大规模的物流结点，加上人口众多、商业发达、交通拥堵严重、土地资源稀缺等因素，区内批发市场以经营生活资料类产品为主，如服装、鞋子、文具和海产品等，物流规模也相对较小。

综合以上两个特征，广州市批发市场群呈现出明显的圈层分布特征，布局密度由内向外递减。第一圈以内环—环城高速为界，设有旧城区和天河区的批发市场群，且它们的经营规模普遍较大，如流花、沙河和中大布匹等批发市场群就有上万家店铺；第二圈以二环为界，主要涉及白云、黄埔和番禺的批发市场群；最外圈以城市边缘为界，布局有花都狮岭和增城新塘两个批发市场群。

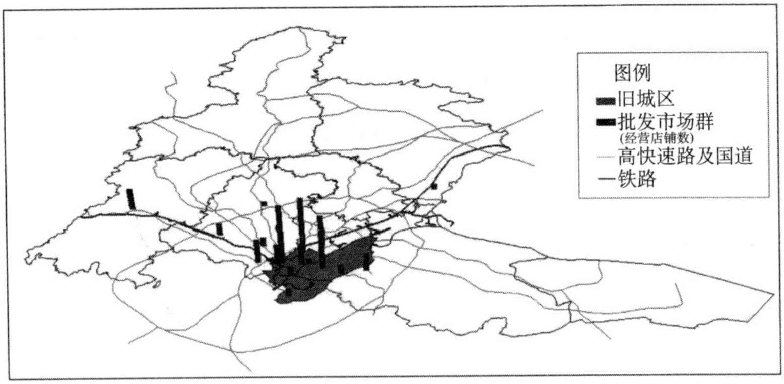

图4—7　批发市场群立体布局

第四节　小结

总体来看，批发市场具有明显的向心性布局偏好，其布局重心从 20 世纪 70 年代末位于海珠区与越秀区交界并靠近荔湾区的地方，到整个 20 世纪 80 年代逐步往城市东北方向移动（先是在越秀区跟白云区交界的地方，然后是天河区），再到 20 世纪 90 年代初开始往中心城区方向移动，近年回到内环路附近。在批发市场空间演变过程中，集聚与扩散作用同时发生，即批发市场向心性布局偏好突出的同时，呈现出从城市中心沿主要交通干道扩展的趋势，也导致了批发市场郊区化进程的出现。

按照商品的经营类别，批发市场可以分为农副产品、纺织品、文体用品、皮材皮具、日用品等不同类型的批发市场，它们在城市空间上的布局各有特点。对于广州市而言，核心圈层主要布局文体用品市场，中心圈层以纺织品、皮材皮具及农副产品市场为主，外围圈层以农副产品市场为主。具体而言，农副产品市场从城市核心向外围递增、文体用品市场从城市核心向外围递减的趋势明显，日用品市场和建材市场也呈现出从城市核心向外围递增的趋势。

与城市总体层面的批发市场布局特征类似，集聚性几乎是各类批发市场布局的重要特征。前者是集聚在城市中心，后者是集聚在某些特定区域，从而使得这些地域上形成批发市场集群。

目前，全市有 21 个批发市场群，涉及农产品、纺织品、汽车汽配、皮革皮具、电子电器、建筑装饰材料、精品和文具等各种商品。这些批发市场群的空间布局不均衡，但与城市总体层面的市场布局相似，具有交通指向性和地域集中性（集中在荔湾、越秀和海珠等城市中心区域）的特点。与此同时，各类批发市场在空间上的扩散现象也较为明显。这里的空间扩散分为两种，一种是接触性扩散，实质上仍是空间集聚现象，典型例子有广州芳村的茶叶批发市场群；另一种是跨越式扩散，新旧市场在空间地域上具有远距离的特征，广州（国际）玩具礼品城就是广州一德路玩具礼品批发市场跨越式扩散的典型例子。

第五章　广州批发市场物流网络格局

第四章的分析得出，广州市的批发市场具有明显的向心性布局偏好，各类型批发市场在一定地域空间上的集聚效应不断加强，并形成21个批发市场群。这些市场群经营的商品多样，包括农产品、纺织品、汽车汽配、皮革皮具、电子电器、建筑装饰材料、精品和文具等，所涉及的批发市场单体达数百家。因此，笔者认为这21个市场群基本上能代表广州市批发市场的总体经营情况。同时，在经济、资源和时间的约束下，基于它们所进行的货流调查，应具有一定的典型性和代表性。本章就是通过对21个市场群两千多家商户调查的基础上，分析城市货物流动及其形成的物流网络空间格局。

物流是货物的实体流动过程，按其活动性质可分为供应物流、生产物流和销售物流三类。若把批发市场看作经营主体，则其所涉及的物流活动主要由供应物流和销售物流两部分组成（图5—1）。其中，供应物流是货物从供应商到达批发市场所发生的物流活动，是批发市场经营的重要支撑。销售物流是货物送达顾客手中的物流活动，关系着经营者的生存与发展，有两种流动模式：一是货物直接从批发市场（位于城市内）送达客户，这里简称为“直销模式”；二是货物从供应商（城市内外均有分布）运送到顾客，批发市场只起中介作用，这里简称为“中介模式”。相对于一个城市的地域边界而言，在这两种模式的作用下，销售的货物会发生四种流向：一是从城市流向外部区域，二是在外部区域中流动，三是在城市内部流动，四是从外部区域流进城市。为叙述方便，这里将四种流向分别定义为城市出口流、外部流、内部流和进口流。由于供应物流和销售物流是批发市场物流的重要组成部分，对这两种物流活动所形成的网络空间分别予以研究，有利于深入揭示批发市场货物的流动特征和规律，为今后城市物流空间的优化提供一定的参考。再者，目前的文献主要关注物流结点空间和静态的交通网络空间，对动态的流空间研究不多；流空间的研究文献中也主要是集中在国家、区域层面的宏观和中观尺度，相比而言，微观层面（城市内部流空间）的研究较少。

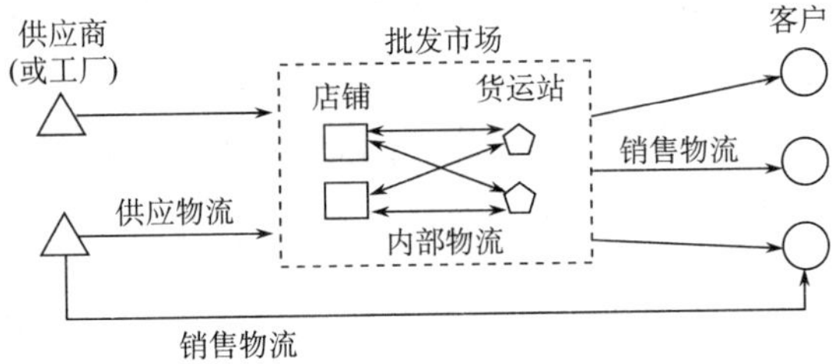

图 5—1　批发市场的物流活动

第一节　供应物流网络格局

一、研究方法

本节运用社会网络分析方法（SNS）对批发市场的供应物流网络进行分析。供应物流是货物从供应商到达批发市场的实体流动，运用社会网络理论分析其网络空间，有利于清晰地揭示货物的来源、流向和流量，并可甄别出网络中结点的重要地位。

（一）构建 2—模网络

这里所构建的物流网络属于 2—模网络，网络中的行动者来自两个集合，一是供应地集合，二是接收地集合，供应地到接收地之间的货运量形成了两个集合的关系（图 5—2、表 5—1）。具体是根据调查结果，构建由 19 个供应地和 21 个接收地组成的 2—模矩阵，并将其反映的关系信息进行可视化表达，从而分析货物流动的结构特征。

（二）网络中心性分析

在前面对货流的空间分析基础上，将 2—模矩阵（多值矩阵）转化为二值矩阵（转化规则如公式 5—1 所示），进行中心性分析，以进一步揭示网络的空间特征，并甄别出重要的网络结点。

$$X_{IK}=\begin{cases}1 & x_{ik}>0\\ 0 & x_{ik}=0\end{cases} \qquad (5—1)$$

式中，x_{ik} 为 2—模矩阵中从供应地 i 到接收地 k 的货运量；X_{IK} 为转换后所对应的二值矩阵元素。

中心性分析包括度数中心度、接近中心度和中间中心度的测度。其中，度数中心度测量的是一个点与其他点发展交往关系的能力；另外两者是测量一个点控制网络中其他点之间的交往的能力，而不仅仅是与邻点之间的直接关系。中心性分析的测度方法如下（刘军，2009）。

1. 度数中心度

对于供应地而言，某点的度数中心度等于该点所供应的接收地数量；对于接收地而言，某点的度数中心度等于该点所拥有的供应地数量。因此，度数中心度代表了某点与其他点的关联度，值越大，说明结点在网络中的位置越重要。

2. 接近中心度

接近中心度反映了网络中各点之间的接近程度。对于供应地而言，某点的接近中心度是该点所供应的接收地到其他供应地和接收地的最短距离的一个函数（公式 5—2）；同理，某接收地的接近中心度是该地所拥有的供应地到其他供应地和接收地的最短距离的一个函数(见公式 5—3)。

$$C(n_i)=\left[1+\frac{\sum_{j=1}^{g+h} min_k d(k,j)}{g+h-1}\right]^{-1} \tag{5—2}$$

式中,$C(n_i)$为供应地 n_i 的接近中心度,g 是供应地数量,h 是接收地数量,j 为某接收地或供应地,接收地 k 与供应地 i 邻接。

$$C(m_k)=\left[1+\frac{\sum_{i=1}^{g+h} min_j d(i,j)}{g+h-1}\right]^{-1} \tag{5—3}$$

式中,$C(m_k)$为接收地 m_k 的接近中心度,g 是供应地数量,h 是接收地数量,j 为某接收地或供应地,供应地 i 与接收地 k 邻接。

3. 中间中心度

中间中心度反映了两个非邻接结点间的相互联系,以及依赖于网络其他结点的程度;具有较大中间中心度的结点可以看作是物流网络的货物集散地。如果给定的一对供应地只共同供应一个接收地(即 $x_{ij}^N=1$)时,则该接收地的中间中心度增加 1 个单位。如果给定的一对供应地共同供应 x_{ij}^N 个接收地时,则接收地的中间中心度增加 $1/x_{ij}^N$ 个单位。也就是说,对于接收地而言,只有当一对供应地都供应该接收地的时候,这个接收地才获得中间中心度(表达式见 5—4);另外,若一个供应地仅仅供应一个接收地时,该接收地得到 $g+h-2$ 个中间“点”。

$$\frac{1}{2}\sum_{ni,nj\in m_k}\frac{1}{X_{ij}^N} \tag{5—4}$$

同理,对于供应地而言,如果一个供应地仅仅是某接收地的唯一供应源,则该供应地得到 $g+h-2$ 个中间“点”。对于一个供应地所供应的一对接收地来说,这个供应地获得 $1/X_{k1}^M$ 个中间中心度。

二、货物流动的结构特征

对调查中所获得的从供应地到接收地的货流信息进行可视化表达，得到批发市场群的货物流动格局，如图 5—2 所示。

（一）外向型供应为主

根据调查结果，批发市场群的货物主要来源于城市外部地域，比重高达 86.00%。相比而言，广州市内部 10 区 2 市的供应规模所占比重较小，仅为总供应量的 14.00%。外部地域中以省外城市的供应规模最大（货运量达 2 735 吨，占供应总量的 35.63%），江浙、福建、河北和云南等地是主要的供应源；其次为珠三角和国外地区，货运量分别达 1 483 吨和 1 253 吨；粤北地区的供应规模也相对较大（达 546 吨），主要是来自韶关市的货物。上述四个地域的供应量占总供应量的比重高达 78.37%。

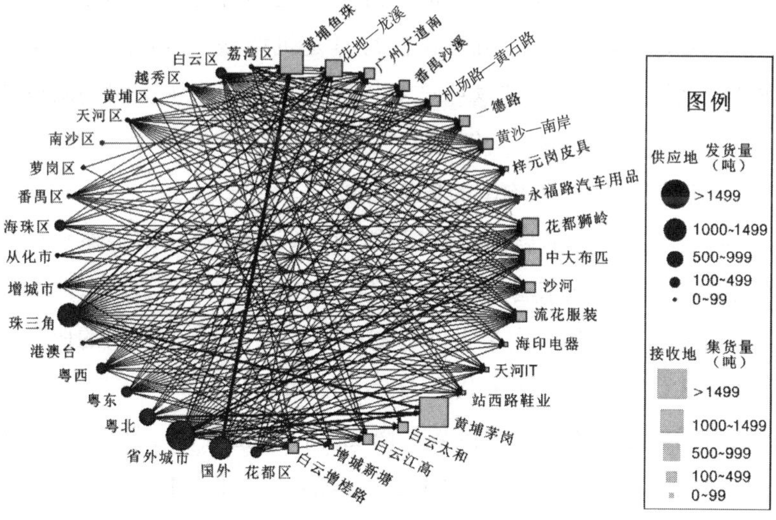

图 5—2　供应物流网络的货物流动格局

（二）主要供应流突出

根据图 5—2，连线的粗细代表了批发市场供应流的规模。网络中的主要供应流突出，来源地均为上述提到的省外城市、珠三角、国外和粤北四大区域。一是从国外到黄埔鱼珠批发市场群的木材产品流，供应地为南美、非洲、马来西亚等区域，水运是最主要的运输方式。二是省外城市到黄埔茅岗、中大布匹、花都狮岭、花地—龙溪和增槎路等批发市场群的金属材料、布匹、皮革、茶叶和果蔬、粮油产品流，其中钢材主要来自首钢、唐钢等外省钢铁厂，采用铁路和汽车联合运输方式；布料、皮革以河北、江浙和福建一带的供应居多，除皮毛类产品多采用航空运输以外，主要采用汽车运输；茶叶主要来自福建、云南等地，果蔬、粮油食品来自江西、海南等省份居多，汽车运输是主导。三是从珠三角到黄埔茅岗、花地—龙溪和机场路—黄石路批发市场群的钢材、花卉和家居饰品流。其中，珠海粤钢是钢材的重要供应源，佛山的三水、高明、顺德陈村等地是芳村花卉博览园的花卉种植基地，佛山的陶瓷和中山的灯具是机场路—黄石路一带家居饰品的主要供应源，上述这些产品均以汽车运输为主。四是从粤北到黄埔茅岗批发市场群的钢材产品流。

（三）城市内部不均衡的集货格局

按批发市场群所属的行政区域进行货运量汇总，结果显示广州市大致形成了西强东弱、南北低的不均衡格局（图 5—3）。东西部交会的黄埔区是广州市内最大的货物接收地域，其次是西面的白云区和海珠区。这三个区域的货运总量占全市的比重高达 69.18%，是批发市场供应物流的集聚区域。南北部的从化市、萝岗区和南沙区由于还没有发展起规模庞大的批发市场群，因此在本研究中没有录得集货数据。从城市内部各区域之间的货物流动看，海珠、白云、花都和越秀四区的流动规模最大，并形成了白云—海珠、白云—花都、越秀—海珠、海珠—花都的较大规模的货物流动。

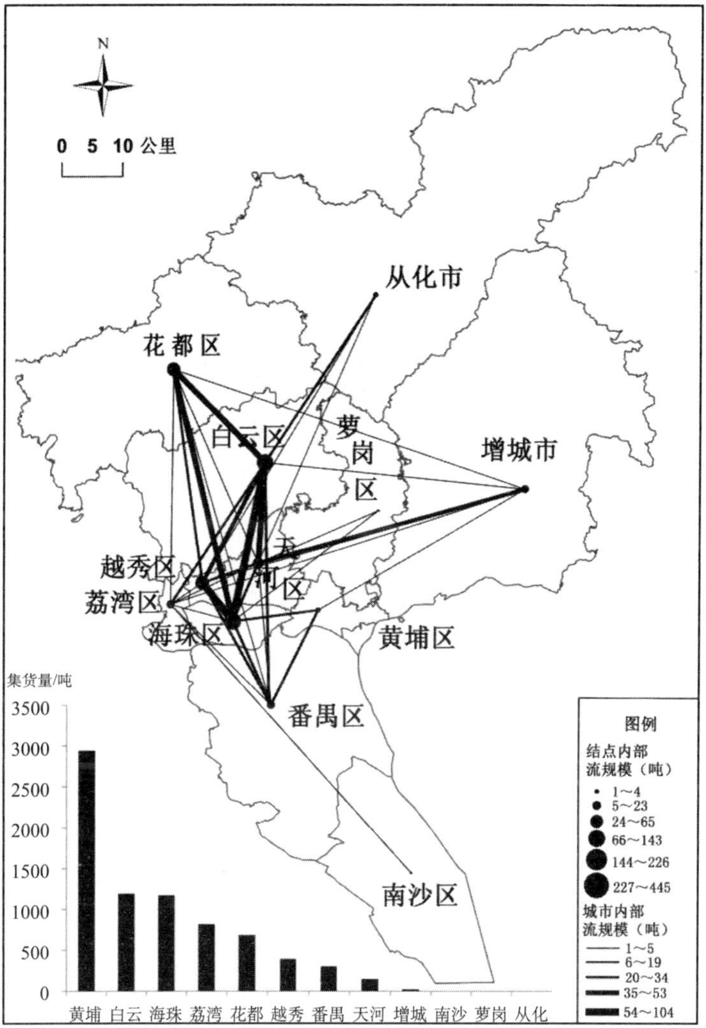

图 5—3　城市内部集货格局与货物流动

表 5—1 中心性测量结果

供应地序号	供应地名称	度数中心度	接近中心度	中间中心度	接收地序号	接收地（批发市场群）名称	主要商品	度数中心度	接近中心度	中间中心度
1	白云区	0.857	0.905	0.066	1	花地—龙溪	花卉、茶叶	0.421	0.728	0.008
2	荔湾区	0.476	0.722	0.014	2	白云增槎路	果蔬、粮油、蛋品	0.368	0.711	0.005
3	黄埔区	0.190	0.600	0.004	3	增城新塘	牛仔服饰、牛仔布	0.263	0.678	0.007
4	越秀区	0.667	0.803	0.031	4	白云江高	农产品、日用品	0.526	0.766	0.012
5	海珠区	0.429	0.687	0.012	5	白云太和	农产品、日用品	0.211	0.663	0.001
6	天河区	0.714	0.826	0.035	6	黄埔茅岗	金属材料	0.158	0.648	0.001
7	南沙区	0.048	0.523	0.000	7	站西路鞋业	鞋、皮料	0.579	0.787	0.015
8	萝岗区	0.095	0.564	0.000	8	天河 IT	电子产品、电脑	0.684	0.831	0.046
9	番禺区	0.619	0.781	0.029	9	海印电器	电子产品、电器	0.316	0.694	0.003
10	花都区	0.524	0.722	0.015	10	流花服装	服装	0.842	0.908	0.049
11	从化市	0.238	0.600	0.003	11	沙河	服装	0.737	0.855	0.038
12	增城市	0.524	0.740	0.022	12	中大布匹	布料、辅料	0.842	0.908	0.058
13	珠三角	1.000	1.000	0.111	13	花都狮岭	皮革、皮具	0.737	0.855	0.031

续表

供应地序号	供应地名称	度数中心度	接近中心度	中间中心度	接收地序号	接收地（批发市场群）名称	主要商品	度数中心度	接近中心度	中间中心度
14	港澳台	0.286	0.640	0.003	14	永福路汽车用品	汽车配件	0.526	0.766	0.017
15	粤西	0.714	0.826	0.034	15	梓元岗皮具	皮具、皮革	0.526	0.766	0.018
16	粤东	0.762	0.851	0.047	16	黄沙—南岸	水产品、文具	0.684	0.831	0.082
17	粤北	0.571	0.740	0.029	17	一德路	干货、精品、玩具	0.684	0.831	0.027
18	外省	0.905	0.934	0.083	18	机场路—黄石路	装饰、建筑材料	0.526	0.766	0.019
19	国外	0.524	0.740	0.022	19	番禺沙溪	酒店用品、五金	0.579	0.787	0.016
					20	广州大道南	酒店用品、汽车汽配、纺织品	0.684	0.831	0.046
					21	黄埔鱼珠	木材、金属材料	0.316	0.694	0.010

三、网络分析

运用 Ucinet 软件对二值矩阵进行计算，分别得出供应地和接收地三种标准化的中心性测量结果，如表 5—1 所示。

中心性分析的可视化如图 5—4、图 5—5 所示。另外，由于标准化后的接近中心度与度数中心度的趋势基本一致，这里省略以接近中心度测量结果为结点规模的网络图。

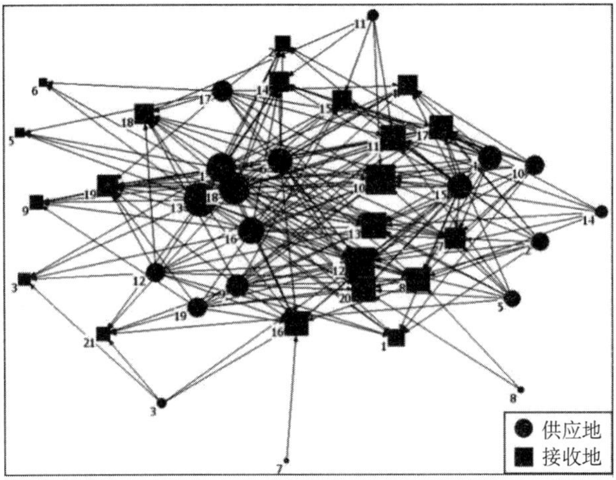

图 5—4 以度数中心度测量结果为结点规模的物流网络

注释：图上序号所对应的地点名称请查阅表 5—1。

（一）珠三角、省外城市和白云区是物流网络的核心供应地

供应地的中心性测量结果中，三个指标的趋势基本一致，即度数中心度高的点，其接近中心度和中间中心度也高。珠三角、省外城市和白云区在三个指标的测量中均位居前三位，其中珠三角的度数中心度、接近中心度和中间中心度的值最高，表明该地区是广州批发市场供应物流网络的最核心供应地，掌握众多的货物资源，地位十分重

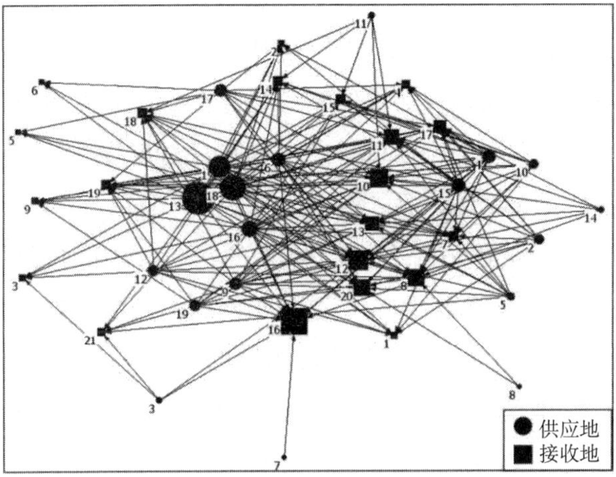

图 5—5　以中间中心度测量结果为结点规模的物流网络

注释:图上序号所对应的地点名称请查阅表 5—1。

要。根据调查数据,珠三角与 21 个接收地均有联系,供应的货物品种齐全,货运量低于省外城市,而高于白云区;省外城市与 19 个接收地发生联系,供应的货物量最大;白云区供应的批发市场群数量达 18 个,但货运量相对较小。

(二) 流花服装和中大布匹批发市场群是物流网络的核心接收地

接收地分析结果中,度数中心度、接近中心度两个指标的趋势基本一致,但中间中心度则有所不同。流花服装和中大布匹批发市场群的度数中心度、接近中心度的值相同,且为接收地中的最高值,中间中心度也相对较高,说明这两个批发市场群在接收地中处于核心地位,两者均与 19 个供应地中的 16 个供应地发生直接联系。

中间中心度的最高值是黄沙—南岸批发市场群,其另外的两个指标值也较高,说明该批发市场群也是网络中较为重要的集散地。

（三）南沙区、黄埔茅岗批发市场群等是物流网络的边缘结点

中心度的测量结果显示，供应地中黄埔区、萝岗区和南沙区的三个指标值最低，说明这些区域处于网络的边缘位置，与批发市场群的联系不大。尤其是南沙区，调查中发现其只与黄沙—南岸批发市场群联系，供应少量的海产品。

在接收地中，黄埔茅岗批发市场群的三个指标值均最低，其次是白云太和批发市场群，表明它们是处于网络的边缘位置。主要是因为黄埔茅岗批发市场群的货物供应源相对较少，只跟粤北、珠三角和省外城市三个地域相联系；白云太和批发市场群以珠三角和白云区本地供应的农产品为主，来源也较为单一。

第二节　销售物流网络格局

一、研究方法

（一）基本—非基本经济活动划分法

结合上述提到的销售物流的直销网络和中介网络特点，将批发市场群按照其所属的行政区域进行货运量汇总；并根据第二章关于基本—非基本经济活动的内涵阐述，将销售物流中的出口流和外部流看作是城市的基本经济活动，内部流和进口流则属于城市的非基本经济活动。这里结合城市基本—非基本经济活动的空间特征，并分别对这两种经济活动网络进行分析，有利于深入揭示销售物流网络的空间特征。

（二）因子分析方法

因子分析是场论的经典方法。因子分析分为两种类型——R型和Q型，在R型因子分析中，可甄别出物流网络的主要销售场，以及

各场对应的场核（重要供应地）和影响范围（销售地）；在 Q 型因子分析中，可甄别出物流网络的主要供应场，以及各场对应的场核（重要销售地）和影响范围（供应地）。

具体步骤为：第一，将 21 个批发市场群的货运数据按其所属行政区域进行汇总，构建由 19 个供应地和 19 个销售地构成的原始矩阵；第二，对原始矩阵进行 R 型因子分析；第三，对原始矩阵转置，进行 Q 型因子分析。本节的因子分析过程全部在 SPSS 软件的“data reduction—factor”中实现，通过提取公因子、计算因子载荷和得分等，识别主要的销售场和供应场，最后归集为基本活动场和非基本活动场。

二、货物流动的结构特征

（一）出现批发贸易功能与物流功能的空间分离，但比重不大

销售物流具有直销和中介两种模式，其中的中介模式可以认为是批发市场的贸易功能与物流功能在空间上的分离。这种模式值得提倡，也是今后批发市场的发展趋势。因为两种功能的空间分离能够较大程度地缓解由于物流活动所带来的交通拥堵、环境污染问题，也能够有效地提高交易效率。根据调查，批发市场的“直销”与“中介”两种模式的销售量占全市商品销售总量的比重分别为 77.43%、22.57%。广州市 21 个批发市场群中，以“直销”模式为主的有 16 个，它们各自的“直销”比重达 50%以上。而永福路汽车用品、广州大道南、机场路—黄石路、流花服装和黄沙—南岸五个批发市场群则是以“中介”模式为主，各自的“中介”销售比重达 50%以上。

批发市场所形成的直销网络如图 5—6 所示，根据货运规模，市场地和销售地各形成 5 个等级，货运量大于 999 吨的为第一等级，货运量在 500～999 吨的为第二等级，货运量在 100～499 吨的为第三

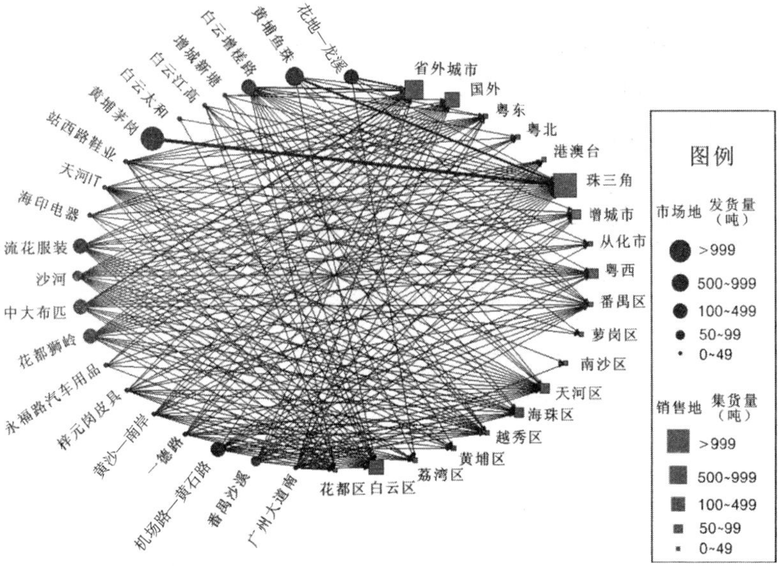

图 5—6　直销网络

等级，货运量在 50～99 吨的为第四等级，货运量在 50 吨以下的为第五等级。市场地中，黄埔茅岗和鱼珠批发市场群分别属于第一和第二等级，两地的发货量之和占了直销网络总发货量的 48.06%；花地—龙溪、白云增槎路、流花服装、中大布匹、花都狮岭和机场路—黄石路等批发市场群属于第三等级，余下的 13 个批发市场群为第四和第五等级。在销售地中，珠三角和省外城市是最大的销售地，分别属于第一和第二等级，两地的集货规模之和占直销网络集货总量的 76.44%；国外和白云区属于第三等级，余下的 15 个销售地为第四和第五等级。大规模的货物流动主要包括：从黄埔茅岗、鱼珠批发市场群到珠三角的金属材料、木材销售流，从白云增槎路、花地—龙溪和中大布匹批发市场群到省外城市的农产品、花卉和布匹销售流。

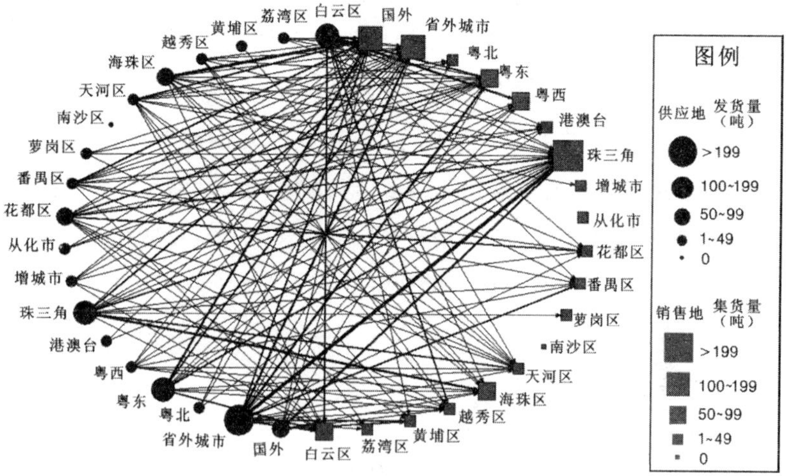

图 5—7　中介网络

批发市场所形成的中介网络如图 5—7 所示，根据货运规模也可把供应地和销售地各分为五个等级。货运量大于 199 吨的为第一等级，货运量在 100～199 吨的为第二等级，货运量在 50～99 吨的为第三等级，货运量在 1～49 吨的为第四等级，货运量为 0 吨的列入第五等级。在供应地中，省外城市属于第一等级，珠三角、粤东和白云区属于第二等级，这四大供应地的供应规模占中介网络供应总量的 66.80%。显然，省外城市和珠三角是中介网络的重要结点，因为它们同时也是主要的销售地。销售地中，珠三角属于第一等级，省外城市和国外属于第二等级，三大销售地的集货量占中介网络集货总量的 51.56%。大规模的货物流动包括：由鱼珠批发市场群产生的从省外城市、国外到珠三角的木材供应流；由流花服装批发市场群产生的从海珠区到国外的服装供应流；还有由机场路—黄石路批发市场群产生的从白云区到粤西、从珠三角到海珠区的装饰材料、建筑材料供应流。

另外，在调查过程中发现，仓库在批发市场的物流活动中也起了很大的作用。图 5—8 的数据来源于调查问题“在您的经营过程中，下面哪个物流环节的费用比重最大?”显然，绝大部分（64%）商家反映，货运和仓储是费用最大的两个环节；其次是搬运费用，主要是指从店铺将货物运送至货运站的搬运费（在不少批发市场里，一般是人力三轮车、摩托车搬运，即使路程很短，但搬运工的收费在十元至几十元不等）。流通包装和加工的所选比重相对较低。

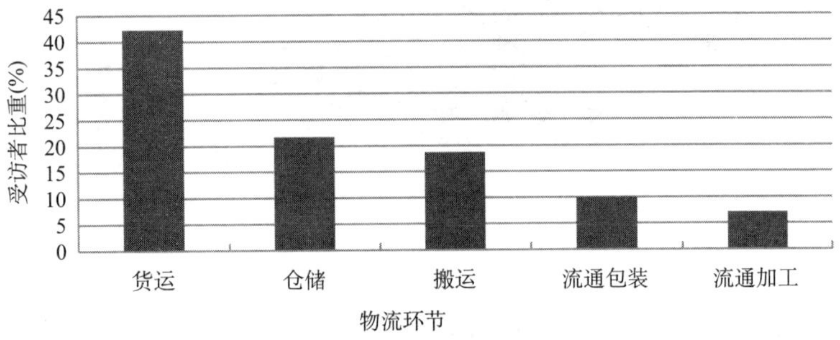

图 5—8　受访者认为最大费用的物流环节

货物在流动过程中，离不开存储环节。商家经营的传统模式是“前店后库”或者“下店上库”。也就是说，不少商家会将仓库设在自家店铺的后方或者楼上，或者店铺的附近；也有一些商家出于某种因素的考虑而将仓库设在离市场相对较远的区域。以中大布匹批发市场群为例，调查发现有 86.67%的商家将仓库设在市场群内部或附近（图 5—9），主要原因是“方便提货取货”、“方便加工”、“靠近工厂”、“人流密集”、“交通方便”等；仓库设在广州市内其他地方的商家共占 5.00%，以番禺区、白云区和增城市（新塘镇）为主，原因是“靠近供应商”、“租金便宜”和“靠近客户”；仓库设在广州市外（如东莞、佛山等）的商家占 6.67%，原因是“靠近供应商”；仓库设在省外城市的商家所占比重为 1.67%，原因也是“靠近供应商”。

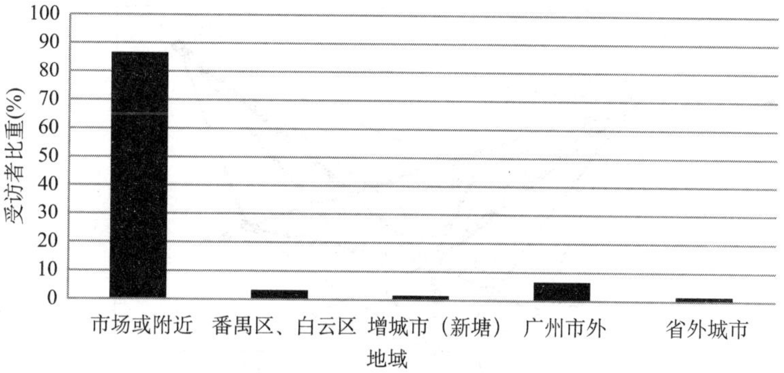

图 5—9　受访者仓库的位置

（二）以基本经济活动为主，并形成以广州为中心、珠三角和省外城市为重要支点的星形流动格局

根据调查结果，计算出销售物流活动的基本/非基本比率高达 4.27。也就是说，在广州市的批发市场销售物流活动中，基本经济活动的比重远大于非基本经济活动，以服务城市外部需求为主。图 5—10 所示，基本经济活动网络总体上形成了以广州为中心，珠三角和省外城市为重要支点的星形流动格局。

上述提到，基本活动包含了城市出口流和外部流两部分。在出口流网络中，广州到珠三角的货流比重最大，占整个出口流量的 57.80%，其次是从广州到省外城市的货流，比重为 25.97%；广州到粤西和广州到国外的货物流动也有一定规模，两者合计的比重为 12.21%。

在城市外部流网络中，货物流动主要集中在珠三角—省外城市—国外和省外城市—粤东—国外之间。大规模的货物流动包括：以鱼珠批发市场群为中介的从省外城市、国外到珠三角的木材流，以黄沙—南岸批发市场群为中介的从省外城市到粤东的文具、精品流，以番禺沙溪批发市场群为中介的从粤东到省外城市的陶瓷制品流。

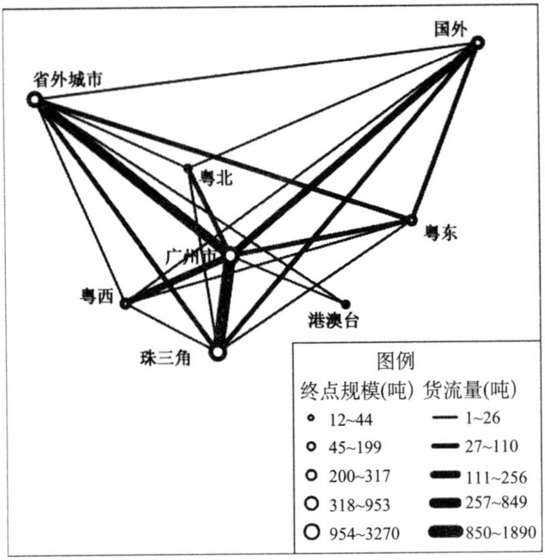

图 5—10 基本经济活动网络

(三) 非基本经济活动网络格局

非基本经济活动包括了城市内部流(图 5—11)和进口流(图 5—12)两部分。

总体上看,城市内部流网络中,白云、花都和海珠区是网络中的三大物流结点,并形成各自的放射状货流网络。南北部的从化市和南沙区两结点的规模则相对较小,且与其他结点的联系较弱。城市内部流网络中,大规模的货物流动主要是从花都到增城的皮料流、从黄埔到白云的木材制品流以及从海珠到天河的布匹流。其次是花都、海珠和番禺之间以及花都—白云、海珠—白云之间的货物流动。另外,货物在结点内部也发生了流动现象,最突出的是白云区,其内部的货流量占整个白云区货流量的比重达 39.07%,主要是由于区内批发市场群的本地销售比重相对较大的原因造成。

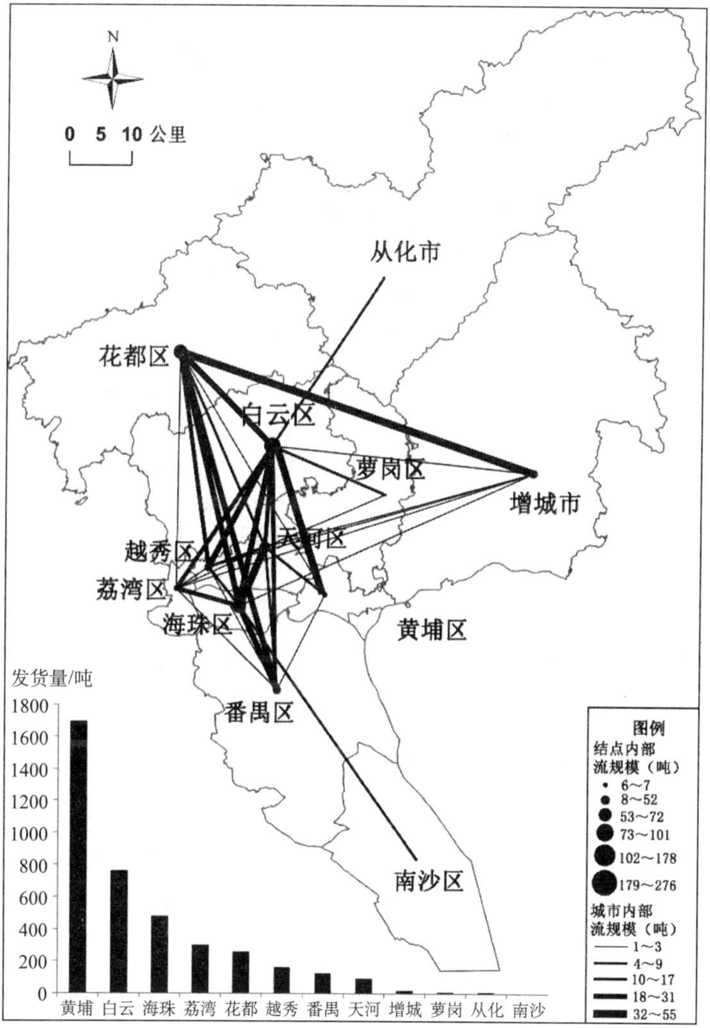

图 5—11　销售物流的城市内部流网络

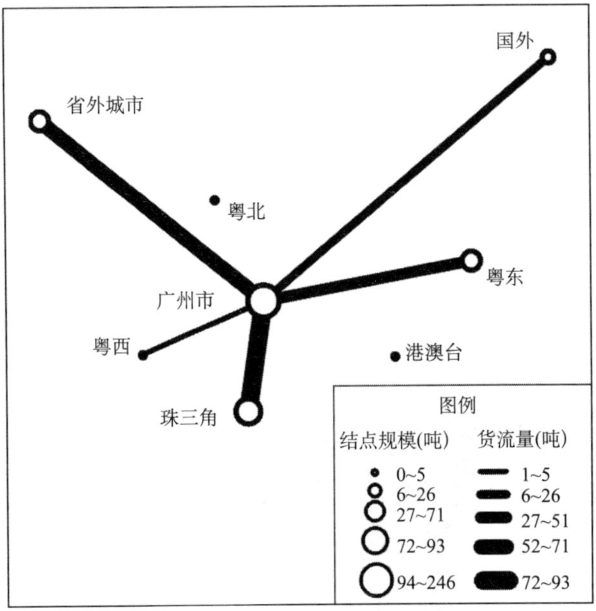

图 5—12　城市进口流网络

城市内部的销售网络呈现出与供应物流空间相类似的发货格局——西强东弱、南北低的不均衡格局(图 5—11)。同样,东西部交会的黄埔区是广州市内最大的货物销售地域,主要是因为该区的批发市场群以经营大宗商品为主;其次是西面的白云区、花都和海珠区。

根据图 5—12,城市进口流网络与出口流网络有一定的类似,珠三角和省外城市仍然是与广州市联系的前两位地域。大规模的货物流动包括:以机场路—黄石路批发市场群为中介的从珠三角到海珠区、天河区的装饰材料和建筑材料流,以广州大道南批发市场群为中介的从省外城市到白云区、从国外到黄埔区的酒店用品流,以鱼珠批发市场群为中介的从省外城市到黄埔区的木材流。另外,在调查中没有录得从粤北、港澳台地区到广州市的货流数据。

三、流场识别

上述已提及，首先将21个批发市场群调查所得的货运数据按其所属行政区域进行汇总，得到由19个供应地和19个销售地构成的原始矩阵；然后采用因子分析技术对销售物流活动进行流场识别。

因子分析的结果如表5—2、表5—3和表5—4所示。

表5—2　正交旋转后各因子对应的特征值、方差贡献率、累计方差贡献率

R型因子分析				Q型因子分析			
因子序号	特征值	贡献率（%）	累计贡献率（%）	因子序号	特征值	贡献率（%）	累计贡献率（%）
1	5.815	30.60	30.60	1	5.14	30.24	30.24
2	5.187	27.30	57.90	2	4.97	29.22	59.45
3	3.049	16.05	73.95	3	3.96	23.27	82.72
4	1.699	8.94	82.89				
5	1.254	6.60	89.49				

注释：原始数据来源于21个批发市场群调查所得的货运数据，对其按所属的行政区域进行汇总，得到由19×19的数据矩阵；另外，表中仅列出特征值大于1的公因子。

表5—3　R型因子分析的因子载荷与得分

	1		2		3		4		5	
	载荷	得分	载荷	得分	载荷	得分	载荷	得分	载荷	得分
白云区	0.910	4.065								
荔湾区			0.877							
黄埔区							0.896			3.988
越秀区	0.882									
海珠区			0.694	3.961						

续表

	1		2		3		4		5	
	载荷	得分	载荷	得分	载荷	得分	载荷	得分	载荷	得分
天河区			0.937							
南沙区			0.959							
萝岗区	0.951									
番禺区			0.627		0.556					
花都区					0.952	3.968				
从化市	0.984									
增城市					0.961					
珠三角									0.982	
港澳台	0.560				0.721					
粤西	0.986									
粤东							0.745			
粤北			0.885							
省外城市	0.738							3.475		
国外			0.824					1.783		

注释:表中仅列出因子载荷>0.5、因子得分>1 的数值。

表 5—4　Q 型因子分析的因子载荷与得分

	1		2		3	
	载荷	得分	载荷	得分	载荷	得分
白云区			0.900			
荔湾区	0.515		0.749			
黄埔区	0.965					
越秀区					0.896	

续表

	1		2		3	
	载荷	得分	载荷	得分	载荷	得分
海珠区					0.813	
天河区			0.673		0.706	
萝岗区	0.756					
番禺区			0.721		0.561	
花都区	0.609					
从化市			0.883			
增城市			0.848			
珠三角	0.533	3.995				
粤西	0.940			1.450		
粤东					0.848	
粤北			0.761		0.585	
省外城市	0.841			3.563		1.554
国外	0.902					3.127

注释：表中仅列出因子载荷＞0.5、因子得分＞1的数值；由于调查所获得的南沙区发货量为0，这里进行Q型因子分析时将其剔除。

表5—2是各因子对应的特征值、方差贡献率和累计方差贡献率。

表5—3是R型因子分析的因子载荷和得分。

表5—4是Q型因子分析的因子载荷和得分。

根据表5—2，R型因子分析中，前五个公因子的累计贡献率为89.49％；Q型因子分析中，前三个公因子的累计贡献率为82.72％，说明这些公因子大体上能反映原始变量的信息，满足因子分析用变量子集来解释整个变量的要求。根据因子分析的含义，每一公因子代表一个主要的销售场或供应场，因子得分大于1的结点是流场的场核（即重要供应地或销售地），因子载荷大于0.5的结点是这个流场所涵盖的销售地或供应地。因此，结果显示了广州市的销售物流网络中形成五个销售场和三个供应场。在研究过程中发现因子分析结果虽比较理想，但离实际情况仍有些偏差。因此，有必要将分析结果与调查数据相结合，根据货流规模剔除每一流场中的次要地域，从而能取得较好效果，更有利于各流场的命名。

（一）销售场

表5—3反映了城市销售物流网络形成的五个销售场，将该结果与调查数据相结合，得出各场的命名：一是以白云区为重要供应源的多区域销售场，主要的销售地包括白云区、越秀区、黄埔区、从化市和港澳台、粤西、省外城市等；二是以海珠区为重要供应源的城市内部销售场，主要包括广州市内的荔湾、海珠、天河、南沙、番禺等销售地，以及粤北、国外等小部分的销售；三是以花都区为重要供应源的城市边缘销售场，主要包括番禺、花都和增城等广州郊区的销售；四是以省外城市为重要供应源的粤东销售场；五是以黄埔区为重要供应源的珠三角销售场，主要销售的商品为金属材料。

（二）供应场

表5—4反映出城市销售物流网络形成的三个供应场，将该结果与调查数据相结合，得出各场的命名：一是以珠三角为重要销售地的多区域供应场，主要的供应地包括荔湾、黄埔、萝岗、花都、珠三角、粤西、省外城市和国外等；二是以省外城市为重要销售地的城市内部供应场，主要包括广州市内的白云、荔湾、天河、番禺、从化和增城等供应地；三是以国外为重要销售地的城市中部供应场，包括越秀和海珠等主要供应地。

（三）基本活动场与非基本活动场

根据物流活动的基本—非基本范围界定将上述流场归类，得出销售物流网络中形成了一个综合活动场、五个基本活动场以及两个非基本活动场（表 5—5）。其中，非基本活动场全部为销售场，海珠和花都区分别是两场的场核，表明两区是城市内部货物的重要供应地；基本活动场中，省外城市和珠三角同时兼有重要供应地和重要销售地的双重职能；黄埔区和国外地区则分别是销售场和供应场的场核。另外，以白云区为重要供应地的销售场属于综合活动场，显示出白云区既是城市内部重要的货物供应地，也是粤西、港澳台和外省等城市外部区域重要的货物供应地。

表 5—5　基本活动场与非基本活动场

活动场	供应地/销售地	销售地/供应地	活动场
销售场	白云区	白云、越秀、黄埔、从化、港澳台、粤西和省外城市	综合活动场
	海珠区	荔湾、海珠、天河、南沙、番禺等区域	非基本活动场
	花都区	番禺、花都和增城等区域	非基本活动场
	省外城市	粤东地区	基本活动场
	黄埔区	珠三角	基本活动场
供应场	珠三角	荔湾、黄埔、萝岗、花都、珠三角、粤西、省外城市和国外等	基本活动场
	省外城市	白云、荔湾、天河、番禺、从化和增城等区域	基本活动场
	国外	越秀和海珠等区域	基本活动场

第三节 不同类型批发市场群的物流网络格局

一、网络中的供应地与销售地

（一）供应地

按商品供应的主要来源地域，可将批发市场群（接收地）分为本地供应和非本地供应两大类。其中，本地供应是指供应地以市场群所在的行政区域为主导，非本地供应是指供应地以非本行政区域为主导，又可以分为广州供应、珠三角和港澳台供应、省内供应、省外供应以及国外供应五类。

根据图5—13，增城新塘批发市场群以本地供应为主，其货源有60%以上来自增城本地，说明本地所形成的庞大的牛仔服装产业集群是该市场群的坚实后盾；海印电器批发市场群以广州供应为主，比重达54.05%，主要是来自天河区的电子电器产品；货源以珠三角和港澳台为主的批发市场群包括天河IT和机场路—黄石路两个市场群，比重分别达51.17%和63.91%，东莞、深圳、中山和佛山等是主要的供应地；花地—龙溪、白云增槎路、花都狮岭和黄沙—南岸四个批发市场群的货物供应源均以省外城市为主，比重分别为58.17%、70.37%、64.49%和66.96%；另外，黄埔鱼珠批发市场群的货源中有85.63%来自国外。

（二）销售地

按商品销售的主要流向（即主要销售地），可将批发市场群分为本地市场和非本地市场。本地市场是指销售地以市场群所属的行政区域为主导的批发市场群，非本地市场是指销售地以非所属行政区为主导的批发市场群。其中，非本地市场又可以分为广州市场、珠三

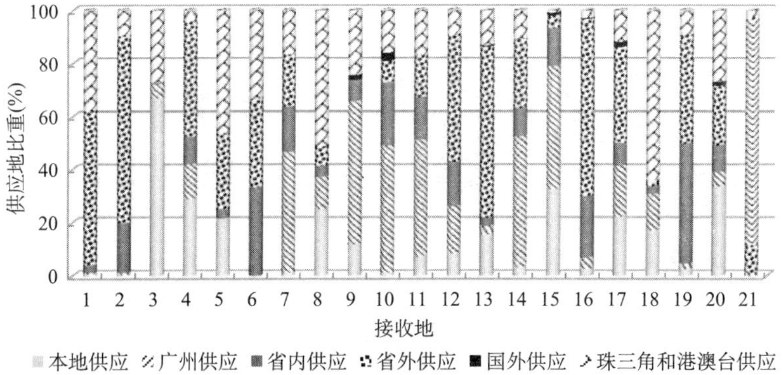

图 5—13　批发市场群的供应地比重

注释：图上序号对应的地点名称请查阅表 5—1

角和港澳台市场、省内市场、省外市场以及国外市场。根据调查结果，全市批发市场群的商品销售总量中有 46.35％的商品销往珠三角和港澳台等地（其中以珠三角为主要销售地）；其次是省外销售占 20.69％，广州市销售占了 14.09％，省内销售和国外销售分别占 7.02％、6.98％，本地销售所占比重最小，仅为 4.87％。

根据图 5—14，属于本地市场的有白云江高和太和两个以农副产品为主的批发市场群，白云本区的销售均占了 60％以上；属于广州市场的有花都狮岭和广州大道南批发市场群，广州本市的销售分别占了 50.37％和 62.15％；属于珠三角和港澳台市场的有黄埔茅岗、鱼珠和天河 IT 批发市场群，其中黄埔两个批发市场群的珠三角销售均占 70％以上，IT 批发市场群的珠三角销售比重为 34.08％；属于省外市场的有白云增槎路、增城新塘、沙河服装和番禺沙溪批发市场群，省外的销售均占 53％以上；属于国外市场的有海印电器、流花服装和一德路批发市场群，销往国外的比重分别占各自销售总量的 42.88％、66.87％和 30.25％。此外，花地—龙溪批发市场群的省

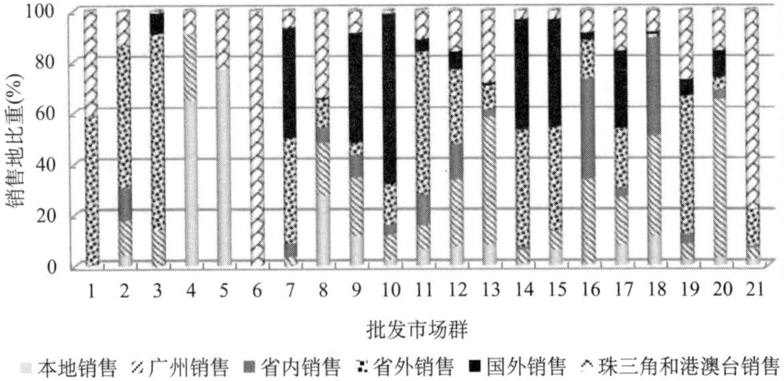

图 5—14　批发市场群的销售地比重

注释：图上序号对应的地点名称请查阅表 5—1。

外销售和珠三角销售比重相当，各占销售量的 58.09％和 41.22％；站西路鞋业批发市场群的省外销售和国外销售比重相当，分别为 41.16％和 43.38％；中大布匹批发市场群的广州销售和省外销售比重相当，分别为 26.03％和 29.03；永福路汽车用品、梓元岗皮具批发市场群的省外销售和国外销售比重相当，均为 40％左右；黄沙—南岸、机场路—黄石路批发市场群的广州销售和省内销售比重相当，均为 38％左右。

若以各批发市场群的市外销售比重为横轴，市外供应比重为纵轴，可将市场群分为三种类型：供应和销售均以广州市外为主的“两头在外型”，市外供应和市内销售为主的“外供内销型”，市内供应和市外销售为主的“内供外销型”。

从图 5—15 可以看出，广州没有“两头在内型”（即供应和销售均以广州市内为主）的批发市场群，在某种程度上也反映了广州市批发贸易活动的外向特点。在三种类型中，“两头在外型”占了批发市场群总数的 52.38%，包括花地—龙溪、白云增槎路、黄埔茅岗、站西路鞋业、天河 IT、流花服装、中大布匹、黄沙—南岸、一德路、番禺沙溪以及黄埔鱼珠等批发市场群，它们 50%以上的货物供应和货物销售均发生在城市外部。"外供内销型"和"内供外销型"均占市场群总数的 23.81%，前者包括白云江高、白云太和、花都狮岭、机场路—黄石路以及广州大道南等批发市场群，后者包括增城新塘、海印电器、沙河、永福路汽车用品和梓元岗皮具等批发市场群。

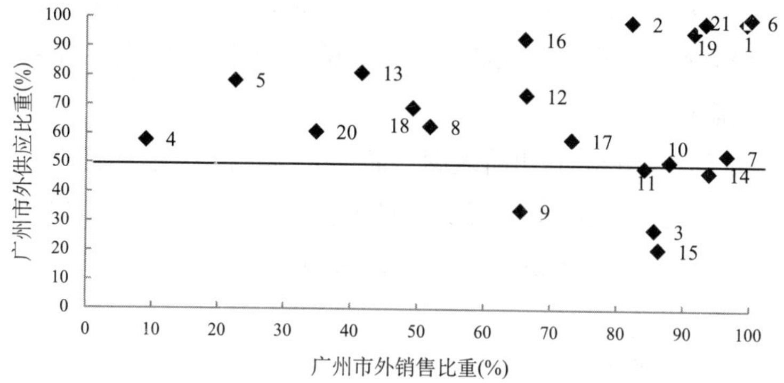

图 5—15　批发市场群货物流动的四象限

注释：图上序号对应的地点名称请查阅表 5—1。

二、网络格局特征

根据第四章对批发市场群的统计，全市 21 个市场群中有农副产品批发市场群 4 个，纺织品批发市场群 4 个，文体用品批发市场群 1 个，皮材皮具批发市场群 3 个，建材批发市场群 3 个，电子电器批发市场群 2 个，日用品批发市场群 1 个，汽车用品批发市场群 1 个，综合型批发市场群 2 个。不同类型的批发市场群，具有各自的物流网络空间特征，这里就上节对批发市场群供应地和销售地分析的基础上，以农副产品、纺织品、皮材皮具和建材等四大类型批发市场群来说明。

（一）农副产品批发市场群

广州的农副产品批发市场群主要包括花地—龙溪、白云增槎路、白云江高和白云太和等批发市场群，其中花地—龙溪市场群以茶叶和花卉为主要商品，涉及芳村的花卉博览园和为数众多的茶叶批发市场；白云增槎路市场群包括江南果蔬、东旺食品、新源粮油等大型的批发市场，以果蔬、粮油蛋品等为主要商品；白云江高和白云太和市场群分别位于白云区江高镇和太和镇，主要商品有果蔬、家禽、粮油等农副产品。

为了便于分析，这里将农副产品细分为三种类型，一是花卉，二是茶叶，三是以果蔬、副食品为主的农副产品。根据图5—16，农副产品批发市场群的货物流动空间特征如下。

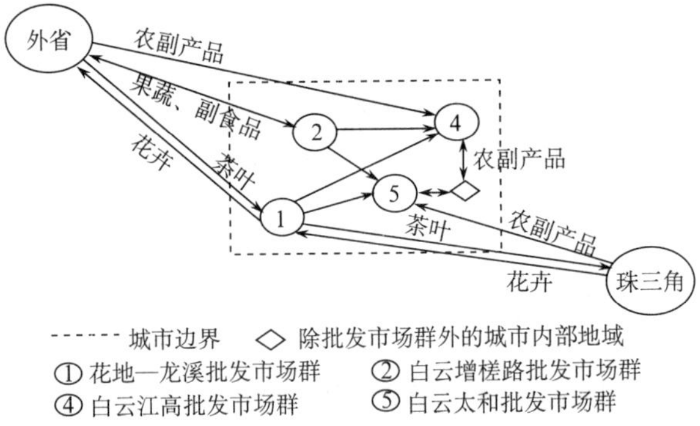

图5—16　农副产品批发市场群物流网络

1. 省外城市和珠三角是广州农副产品物流网络的重要结点

花卉的流动以花地—龙溪的花卉博览园等市场为核心，主要来源于珠三角地区。其中，与广州毗邻的佛山市（尤其是三水、高明、顺德陈村等地）是花卉的重要种植基地；花卉主要销往省外城市，珠三角和港澳台的销售也占相当比重。

茶叶的流动以芳村的南方茶叶市场、山村茶叶市场、启秀茶叶市场等为集散中心，省外城市是茶叶的主要供应地域，其中以云南、福建等省区为主；而珠三角地区是茶叶的重要销售地。从图5—16可以发现，花卉与茶叶的流动呈现出反方向的特点。

以果蔬、副食品为主的农副产品流动以白云增槎路的批发市场群为核心，调查中发现，此市场群的货物流动具有大运量的特点，以大卡车运输为主，省外城市是重要的供应地域，其中又以江西宜春、山东临沂、福建漳州、海南省、湖南衡阳、河南周口等地区的果蔬、蛋品等供应为主。在广东省内部，则以湛江、茂名和惠州等市的果蔬供应为主。另外，此批发市场群的销售地域也以省外城市为主，珠三角也占一部分。

2. 城市内部的花地—龙溪和白云增槎路批发市场群是货物流动的重要结点

根据图5—16，白云江高和白云太和两个批发市场群除了省外城市和珠三角供应部分的货物以外，广州市内部的货物供应也占了较大的比重。广州市内部的货物供应中，除了一部分是产地供应外，白云增槎路批发市场群和花地—龙溪批发市场群的货物供应也十分重要。同时，白云江高和白云太和两个批发市场群的货物销售以白云区内部为主，从而也反映出花地—龙溪和白云增槎路批发市场群是货物流动的重要结点。

以上分析发现，农副产品批发市场群中，花地—龙溪和白云增槎路批发市场群属于区域性结点，白云江高和白云太和属于地方性结点。区域性结点在整个区域中具有重要的作用和地位，可以看作是其他城市同类型批发市场的一级结点和主要供应地。笔者也调查了珠海市规模最大的农副产品批发物流中心，该批发中心主要经营果蔬、干货、粮油等农副产品，大部分产品由上述提到的江南果蔬批发市场供应。

我们的批发中心位于珠海市关外（上冲检查站以外），绕过城市中心，而且在高速路口附近，地理位置十分优越，方便从广州运过来的货物。因为广州的批发市场是一级结点，跟我们的联系非常密切。尤其是江南批发市场，我们很多商户都是去那里采购货源的。货物回到中心后，再分发到市内（主要是香洲区内）各网点，如集贸市场、餐饮店等。去广州采购的时间一般在夜间，物流模式有好几种：大部分是通过货运公司，把货物运到中心；也有的商户自己开车上去运回来，但情况不多；还有一些是，外来的果蔬运到广州的批发市场后，再顺道运来我们中心。

——珠海农副产品批发物流中心吴主任访谈（2011 年 4 月 10 日，珠海农副产品批发物流中心）

（二）纺织品批发市场群

纺织品批发市场群分为三种类型，一是以牛仔布及服饰为主要商品的增城新塘批发市场群，二是以成衣为主要商品的流花和沙河服装批发市场群，三是以布匹、服装辅料为主要商品的中大布匹批发市场群。纺织品批发市场群的货物流动空间特征如下。

1. 中大布匹批发市场群以城市外部供应为主，其余市场群的主要供应地均为城市内部区域

调查显示，增城新塘批发市场群、流花和沙河批发市场群的主要供应地均为广州市内。其中，增城新塘市场群的供应地域集中在新塘本地，此批发市场是典型的产地型市场，当地的牛仔纺织业十分发达，批发市场是该产业商品销售的重要渠道。

流花和沙河服装批发市场群的主要供应地域为广州市内，归因

于批发市场之间的货物流动比较突出。例如，牛仔服饰多来自增城新塘批发市场群，其余成衣来自市内的各大主要批发市场，除了流花和沙河市场群的相互供应外，还有十三行一带的服装批发市场。

中大布匹批发市场群的货物主要来自省外城市，如绍兴柯桥的布料、河北的皮毛等，而牛仔布料则主要来自于广州市内的新塘镇。此外，佛山市和潮汕地区的纺织业也与中大布匹批发市场群具有较为密切的联系。

2. 流花服装批发市场群以国外销售为主，其余市场群的主要销售地均为省外城市

根据图 5—17，流花服装批发市场群的主要销售地域为国外地区（以中东、非洲等为主），反映出该市场群的外贸比重较大的特点。其余的批发市场群均以省外城市为主要销售地，江浙一带是相对集中的地域。

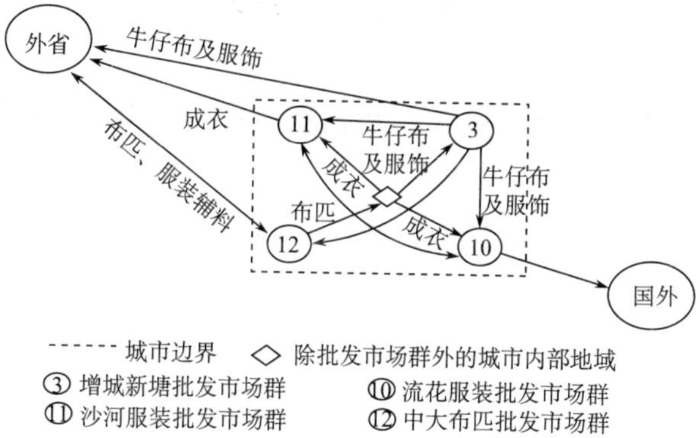

图 5—17　纺织品批发市场群物流网络

（三）皮材皮具批发市场群

皮材皮具批发市场群分为两类，一类是以鞋材、鞋为主的站西鞋业批发市场群；另一类是以皮革、皮具为主的批发市场群，包括花都

狮岭和梓元岗皮具两大市场群。省外城市和国外地区是站西鞋业和梓元岗皮具批发市场群的主要销售地，两地的比重相当。从供应地域看，广州市内尤其是白云区和花都区是三大市场群的重要供应地，而且花都狮岭和梓元岗皮具两大市场群的联系极为密切，前者是后者的重要供应源之一。

（四）建材批发市场群

建材批发市场群主要包括黄埔茅岗、黄埔鱼珠和机场路—黄石路市场群。其中，黄埔区的批发市场群以大宗的木材、金属材料的流动为主，均属于"两头在外"型的市场群，木材供应多来自国外地区，金属材料供应以省外城市的居多。两个市场群的销售都以珠三角地区为主。机场路—黄石路批发市场群的产品以装饰材料、建筑材料为主，产品多来自佛山、东莞等市。

第四节　小结

从上述对供应物流和销售物流活动的分析，得出广州批发市场的物流网络格局具有以下特征。

1. 货物流动的"两头在外"特征突出，各类型批发市场群具有不同的物流空间特征

全市批发市场群的货物流动以外向型为主，供应物流中有86.00%的货物来自城市外部，城市内部的供应只占了14.00%；销售物流中有81.04%货物销往城市外部，城市内部的销售仅占18.96%。因此，批发市场群的货物流动具有明显的"两头在外"特征。

按货物流动空间的主要特征，全市批发市场群可以分为三种类型，一是"两头在外型"（即主要的供应地和销售地均在城市外部区

域)，占批发市场群总数的 52.38%；二是“外供内销型”(即主要的供应地在城市外部区域，而主要的销售地在城市内部区域)；三是“内供外销型”(即主要的供应地在城市内部区域，而主要的销售地在城市外部区域)，它们均占市场群总数的 23.81%。

进一步结合批发市场群的类别(全市批发市场群可分为农副产品、纺织品、文体用品、皮材皮具、建材、电子电器、日用品、汽车用品和综合型批发市场群九个类型)，得出农副产品批发市场群的货物供应、销售主要是省外城市和珠三角地区；纺织品批发市场群的供应以广州市内部为主，省外城市是重要的销售地域，而流花服装批发市场群的外贸比重较大，以国外销售为主；皮材皮具批发市场群的主要供应地也为广州市内部，但其省外城市和国外地区的销售比重都较为突出；建材批发市场群的货物供应以国外地区、省外城市为主，货物以销往珠三角地区居多。

2. 城市对外联系中形成建材、布匹、花卉等货物的规模流动

广州批发市场群在与外界联系中，形成了建材、布匹、花卉等货物的规模流动。供应流主要有从国外到黄埔鱼珠批发市场群的木材产品流，省外城市到黄埔茅岗、中大布匹、花都狮岭、花地—龙溪和增槎路等批发市场群的金属材料、布匹、皮革、茶叶和果蔬、粮油产品流。从珠三角到黄埔茅岗、花地—龙溪和机场路—黄石路批发市场群的钢材、花卉和家居饰品流，从粤北到黄埔茅岗批发市场群的钢材产品流。销售流主要包括从黄埔茅岗、鱼珠批发市场群到珠三角的金属材料、木材流，从白云增槎路、花地—龙溪和中大布匹批发市场群到省外城市的农产品、花卉和布匹流。

3. 珠三角、省外城市和白云区是物流网络的核心结点

在供应物流网络中，珠三角、省外城市和白云区是核心供应地；在销售物流网络中，白云区、海珠区、花都区、省外城市和黄埔区是核

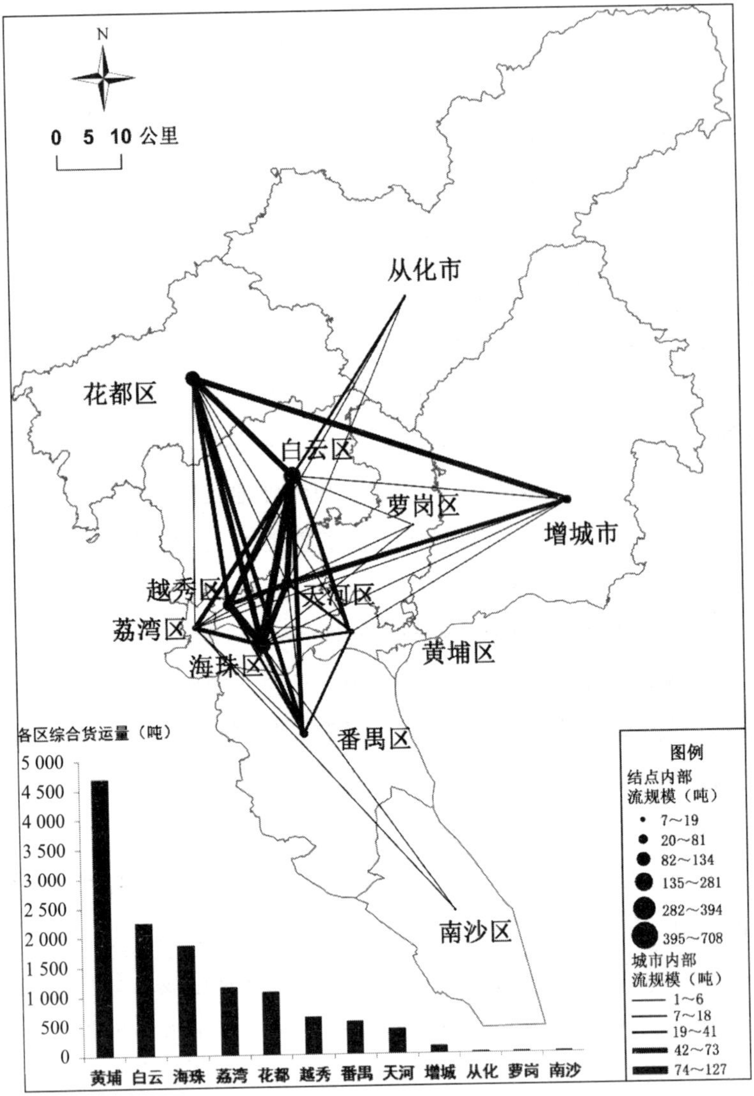

图 5—18 批发市场的城市内部流网络

心的供应地，而珠三角、省外城市和国外是核心的销售地。因此，可以认为，珠三角、省外城市和白云区是广州批发市场物流网络的核心结点。

这里也反映出，广州批发市场的辐射范围有限，辐射力主要集中在中国大陆，对国外客商的辐射还相对较弱。

4. 城市内部形成西强东弱、南北低的不均衡格局，内部流网络中白云区、花都区和海珠区是三大结点

综合货物的供应和销售规模，城市内部形成西强东弱、南北低的不均衡格局（图 5—18）。黄埔区是广州市内最大的货物集散地，其次是西面的白云区、花都和海珠区。从化、萝岗和南沙等区域由于还未发育起规模较大的批发市场群，且也不是货物的主要销售地，致使它们的货物集散程度较低。

从城市内部流网络看，白云区、花都区和海珠区则是三大结点。这说明这三个区域除了与城市外部发生联系外，城市内部及结点内部的货物集散也很频繁；而黄埔区的货物则主要是流向城市外部，导致其内部的流动规模相对较小。

第六章　批发市场物流空间格局的形成机制

第四章和第五章的分析主要是揭示了批发市场的物流空间格局，一方面探讨了批发市场的布局演变、演变轨迹、演变特征等；另一方面，根据对批发市场商户的调研资料，从供应物流、销售物流的角度分析了批发市场的物流网络空间格局。本章基于前面两章的分析结论，在分别探讨批发市场布局的影响因素和货物流动的作用力基础上，对物流空间格局的形成机制进行分析。

第一节　批发市场布局的影响因素

一、自发性

批发市场在建立之初往往带有自发性，所以有很多市场的开业年限相当模糊。例如，中大布匹批发市场群可追溯到 20 世纪 80 年代末，当时政府不允许摊贩在海印桥底摆地摊，这些摊主只好搬迁，搬迁地点有两个选择，一是江南西路，另一是中山大学附近。多方面衡量之下，他们迁到了中大南门对面经营。中大布匹商圈就在此基础上逐渐发展壮大，到 90 年代中期就发展成为全国最高价的专业市场之一，被称为“摆地摊摆出的轻纺全球交易中心”。在发展过程中，市场不断积累人气，经营业绩也日益增大，摊位从一开始的几十户发展到现在的 1 万多家，经营场所也由过去的地摊到铁皮屋到如今的现代化展览中心。

又如始建于 1919 年的一德路，由于其毗邻珠江，交通方便，加之周边地区的经济较为发达、餐饮生意红火，逐步发展成为咸鱼海味、干果杂货的专业街。当时，河鲜海产经过珠江进入广州，一德路不少商家都是前店后仓，仓库对着珠江，运海味的船可直接装卸。因此，一德路就有了“咸湿一德路”的称号。改革开放后，在几家大型国营海鲜批发部的带动下，一德路很快自发形成广州最大的海鲜批发市场，随后逐渐向海鲜干货、玩具、年货等大型专业批发市场发展。

二、政府行为

政府行为对于批发市场的建立和发展也具有重要作用。从宏观层面看，政府对城市的空间规划在某种程度上影响了各区域批发市场的发展。1978 年党的十一届三中全会确立了把工作中心转移到经济建设上的方针，并作出了改革开放的重大决策，毗邻港澳的广州市步入快速发展阶段。在改革开放的新形势下，广州市制订了城市总体规划方案(即第十四方案)，并于 1984 年 9 月得到国务院的批准。该规划方案确定了广州主要沿珠江呈三个组团发展：第一组团是旧城区，强调要对旧城区进行改造，严格控制增加工业用地；第二组团是天河地区(包括五山、石牌、员村)，将发展成为全市的科研文教区；第三组团是黄埔地区，大力发展工业、港口、仓库等设施(周霞，2005)。该规划对于 20 世纪整个 80 年代城市的空间发展起着重要指导作用，也为天河、黄埔地区 90 年代批发市场的纷纷建立奠定了一定的基础。1991 年广州提出了第十五个规划方案，受行政界线限制，城市发展方向除了确定向东、向南，还考虑了向东北方向发展(李振等，2004)；这一时期，批发市场在白云、番禺、黄埔等城市外围地区布局逐渐增加。同时，90 年代中后期，交通成为城市重点建设项目之一（林耿等，2008），内环路的修建强化了中心城区的商业地位，内环沿线的批发市场集聚现象明显。2000 年起，广州着手编制城市总体发展战略规划，明确城市根据“北优、南拓、西联、东移”的方针向东、向南拓展。黄埔、番禺得到了快速发展，也使得 2000 年以后番禺、黄埔、增城等城市外围区域的批发市场发展迅猛，且占地面积普遍较大。目前，在广佛同城背景下，批发市场呈现出向佛山扩散的现象，如迎海国际茶都、九江钢材城等。

从微观层面看，政府行为对批发市场的早期建立，中后期的升级改造具有重要影响。20 世纪 80～90 年代兴建的大型批发市场，一般都是由国营企业投资和管理，带有“政府色彩”。例如，1993 年开业的白马服装批发市场，是我国第一个现代化的服装市场，由国营企业投资建设。其实它也是政府对白马市场所在的流花地区的服装批发市场升级整顿的重要结果。改革开放至今，批发市场的发展已有 30 多年的历史，在这 30 多年里政府不断对市场进行升级改造，甚至考虑到经营环境恶化、安全隐患大、城市形象提升等原因对市场作出搬迁的决策。例如，广州的文具玩具精品批发老字号——“谊园”，它是政府于 1987 年将一德路占道经营的个体户引入场内经营的批发市场；到了 1994 年，为配合解放路扩建和解放大桥工程，谊园的商家再次搬迁，落户黄沙，并于 1995 年被国务院发展研究中心授予“中华之最”的光荣称号——中国最大、最早经营文具玩具精品批发的专业市场。2011 年广州市经贸委表示，广州中心城区不再批建传统批发市场，并逐步减少中心城区市场数量；计划 3～5 年内，将全市水产品、布匹、茶叶、蔬果、皮具、服装、鞋业、汽车用品、建材、IT 产品等 14 个批发市场群改造成为现代展贸市场园区。因此，升级改造是目前中心城区内批发市场群的主要发展方向。

三、市场因素

市场因素在批发市场的发展壮大中起着关键作用。市场的建立之初或许是由于自发性，或许是由于政府的规划设置，但是在随后的发展中，离不开市场的调节作用。经过市场的自然选择及优胜劣汰，批发市场的经营品种、经营范围等发生改变。某种程度上说，广州现在所形成的批发市场群均是发育较好的批发市场，它们经过了市场的竞争与淘汰，积累了很高的知名度而得以保留，其中有不少市场还在全国的同类商品专业市场中占有重要地位，并形成所谓的“广州价格”。这些市场在多年经营中，已经产生一定的经营惯性和消费惯性，不断吸引客户前来采购商品。

另一方面，如第四章提到的广州(国际)玩具礼品城，虽然政府对其寄予了带动一德路商圈升级改造的希望，且也引进了香港实力雄厚的投资商，然而礼品城的经营十分惨淡。无疑，这很大程度上与市场作用有关，归结起来的主要负面因素为地处郊区、人流量小、远离一德路、周边缺乏相关产业基础等。还有谊园的经营，原本文具、玩具、精品是其三大经营商品，在市场作用下，文具的比重越来越重、越做越专、越做越尖，最终成为谊园的龙头产品。国内的十大文具品牌在谊园都设有展示厅或档口，外国的著名品牌也来了，包括德国的辉百嘉、施德楼，法国的易达等。

四、交通条件

交通条件包括通达性、交通运输方式等方面，对批发市场布局的影响无疑是不可忽视的。前面的章节提到，批发业的布局区域也是货仓、港口码头等物流基础设施的布局区域，通达性是批发市场布局的重要影响因素。在广州，这种情况也不例外。广州的批发市场均布局在交通便利的位置，如靠近高速公路出入口、城市快速干道、火车站、港口码头、机场等，以便于采购商及商品的快速集散。市内的内环路、一德路、大沙头路、增槎路、沙太路、广州大道南、瑞康路—新港西路、花地大道和芳村大道等干道沿线是批发市场的主要集聚区域。

图6—1、图6—2、图6—3分别是白云增槎路、黄埔鱼珠、茅岗及流花、站西批发市场群的周边交通示意图。从图上可以看到，白云增槎路批发市场群主要以增槎路、广清高速路、广州环城高速等城市的对外干道为依托，汽车运输是市场群的主要运输方式，调查中发现其货物供应主要来源于广东省以外的城市，以大运量的货车为主；黄埔鱼珠、茅岗批发市场群周边的交通运输方式多样，市场群既靠近广园快速路、中山大道、黄埔大道等城市主要干道，还靠近火车站及若干港口码头，因此该地域的汽车运输、铁路运输和水上运输发达，交通十分便利；流花服装和站西鞋业批发市场群主要在广州火车站附近

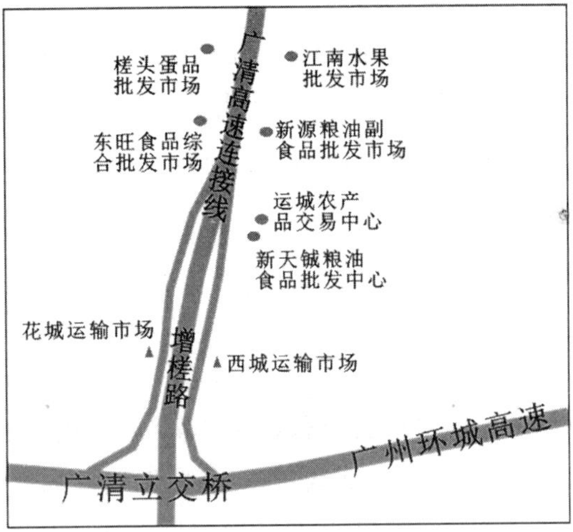

图6—1 增槎路批发市场群周边交通

集聚，人流量大，且靠近环市路、广园路、人民路、站西路、站前路等城市干道，十分有利于采购客商的集散，也有利于发展批零兼营的方式。

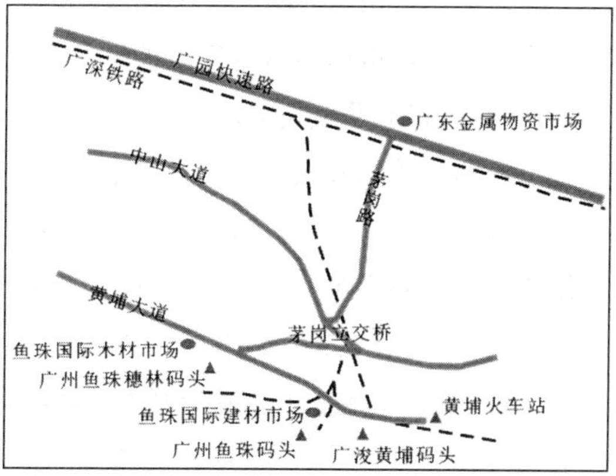

图 6—2　黄埔鱼珠和茅岗批发市场群周边交通

图 6—3　流花服装和站西鞋业批发市场群周边交通

目前由于批发市场的集聚规模日益增大，而城市交通建设、管理相对滞后，使得市场周边的交通拥堵情况严重，大大降低了交通通达性，这也反过来制约了市场的发展。如黄沙水产市场虽然在水产品正常供应与价格稳定方面起了重要作用，但经过多年的发展，该市场的车流量过大、路面损害严重，不断恶化的交通环境导致市场即将搬迁，多年形成的“广州水产价格”不复存在（王先庆，2010）。

交通运输方式对于批发市场经营的商品种类也有较大影响。如海产品市场，多布局在港口码头附近，水运是最为主要的运输方式；黄沙水产品交易市场和五湖四海国际水产交易中心，均临江而建，方便水产品的运输。木材、金属材料等大宗产品，主要依靠铁路货运专线来完成对产品的运输。而皮革、皮毛及一些精密的电子仪器等，往往采用空运方式。然而，公路运输因其具有“门到门”的灵活性特点以及公路网的普及性，成为了批发市场的最基本的运输方式；且随着现代科学技术的发展（如冷冻技术、大运量汽车的出现），部分水运及铁路运输的货物也分流到汽车运输，使得汽车运输的分担率逐渐上升。

> 铁路在现代物流系统中逐渐丧失优势地位，因为环节烦琐，费用也没有优势，我们现在多采用公路运输。例如，昆明的木材运到东莞加工再运回广州，以前是公路—铁路—公路，现在是直接公路运输，费用还更划算。
>
> ——某物流企业宫经理访谈（2011 年 4 月 20 日，中山六路某国际物流企业）

五、土地资源

土地资源是批发市场发展的制约因素。集聚效应是批发市场经营的特点之一，也意味着市场需要占用较大面积的土地。一方面，城区的批发市场往往受到制约。很多批发市场建立之初缺乏长远规划，往往混杂在居民楼房之中，随着其不断发展壮大，居民楼纷纷改建为商铺或仓库，在有限空间的制约下，市场内过道狭窄、车流人流混杂，造成巨大的安全隐患。因此，这些市场一直是广州市进行交通整治、安全整治的重点区域。而黄埔、番禺、花都、增城等地区的土地资源相对丰富，批发市场的占地规模也较大，一般以经营大宗产品为主。例如，黄埔的建材、木材市场，番禺的五洲城国际建材中心、五湖四海国际水产交易中心等，占地面积均在 150 000 平方米以上。

根据"广州市土地利用总体规划（2006～2020 年）"，到 2020 年广州市的建设用地总规模为 177 200 公顷，比 2005 年新增建设用地规模 26 170 公顷；新增的建设用地主要分布在萝岗、南沙和番禺等城市外围区域，而越秀区的新增建设用地只有 4 公顷，海珠和荔湾区的新增建设用地各不到 500 公顷（图 6—4）。这说明了中心城区的土地资源非常紧张，只能靠建设用地的二次开发来解决用地问题，批发市场的扩张和新建受到一定的制约；一些传统的批发市场还可能因经营管理不完善、布局混乱、违规搭建、对周边产生恶劣影响等原因撤离中心城区，为城区腾出发展空间的同时，提升城市的市容市貌。

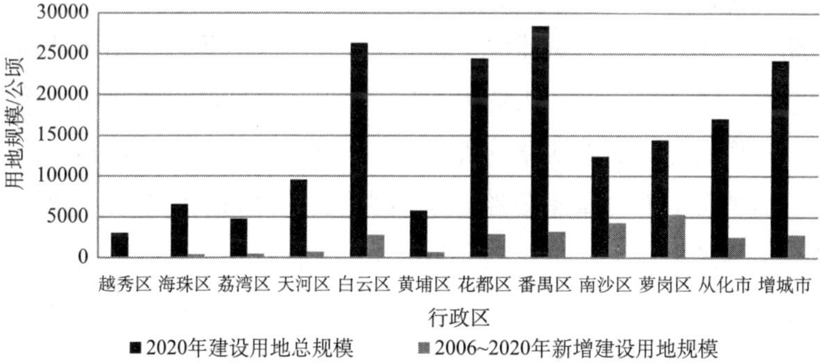

图 6—4　广州市各区用地规模

资料来源："广州市土地利用总体规划（2006～2020 年）"。

另一方面，地租也是批发市场的重要影响因素。文献综述中也提到，在土地租金的作用下，批发市场一般不会在城市最核心的商业区或中央商务区布局。图 6—5 是广州市商业用地基准地价级别图(原八区)。根据规定，全市的商业用地基准地价分为十级，其中一级由以下路线围合而成的区域：解放北路—府前路—越华路—仓边路—大塘街—文明路—大南路—起义路—惠福东路—解放中路，每平方米建筑面积 29 991 元；二级、三级分别为每平方米建筑面积 18 334 元、13 840 元，主要分布在越秀区、海珠区和天河区的核心区域。从四级开始，基准地价由每平方米建筑面积不到 10 000 元(四级为8 654元)逐级递减到十级的 550 元。

图上的小圆点为在原八区布局的批发市场，可以发现，批发市场主要在一级至三级的外围分布，尤其是四级和五级最为密集，范围大致是黄石东路—白云大道南—广园中路—广园西路—三元里大道—机场路，站西路—广园西路—环市西路—站南路—站前路—站前横路—流花路—人民北路，花地大道北—浣花路—东滘北路—芳村大道中—珠江，东晓路—华南快速干线—黄埔大道西—石牌东路—五山路—广园快速路—黄埔涌—新港中路—广州大道南—新滘西路—泰沙路—工业大道南—工业大道中，广清高速公路—西槎路—德康路—京广铁路—黄石西路—机场路—三元里大道—广园西路—站西路—西湾路，环城高速公路—中山大道中—中山大道东—黄埔东路—大沙地西—大沙地东，新港中路—黄埔涌—昌岗西路—工业大道中—工业大道南—泰沙路—新滘西路—广州大道南，鹤洞路—花地大道中—珠江—花地大道北。

此外，从各类型批发市场的空间布局特征看，它们都受到了可获得的土地资源和土地租金的影响。核心圈层和中心圈层都属于广州的中心城区，可用的土地资源不多，且租金昂贵，使得地域内的批发

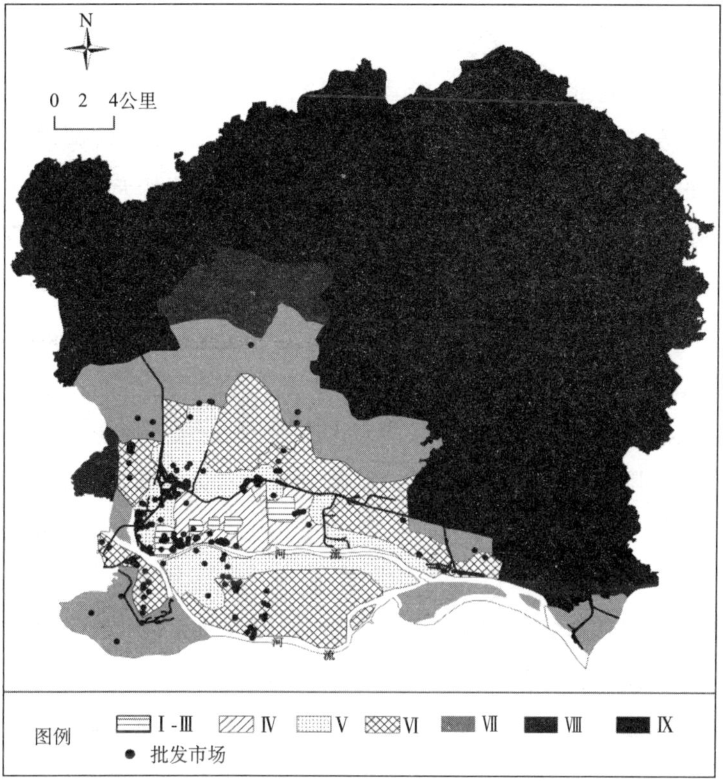

图 6—5　广州市(原八区)商业用地基准地价级别与批发市场的分布

资料来源:根据广州市国土资源和房屋管理局的“原八区商业用地级别范围”图件进行加工而成,图件出自该局网页 http://www.laho.gov.cn/ywpd/tdgl/zwxx/gytdsyqjzdj/gz/sy/。

市场面积相对较小,销售产品以文体用品、纺织品、皮材皮具、电子电器等生活消费品为主,产品的附加值相对较高;外围圈层则由于相对丰富的土地资源和相对低廉的租金,以大面积的农副产品市场、日用品市场、建材市场为主。

六、人口因素

在目前对批发市场的影响因素研究中，人口因素较少提及。经过第四章的分析，笔者发现人口因素（更确切地说，是人流量）在批发市场的集聚经营布局中起着重要作用，尤其是对于经营服装、箱包、鞋子等商品的批发市场。人流量大，一方面有利于市场的经营，另一方面也有利于市场实行批零兼营的经营模式，提高商户的营业额。文体用品、纺织品、皮材皮具、电子电器等批发市场大多布局在广州的中心城区内，主要原因之一也是由于中心城区的庞大人流量。

人流量因素可分为两种情况，一是原批发市场的经营状况良好，在市场作用下，吸引了庞大的人流量，而庞大的人流量又吸引了新的市场在附近开业，最终形成一个庞大的批发市场群。这一种情况可认为是上述所分析的市场因素的作用，中大布匹批发市场群就是其中之一体现，在此不再细述。二是某地域由于商业氛围浓厚、经济水平相对较高、交通较为便利等原因产生了较大的人流量，从而吸引批发市场布局，市场开业后进一步聚集了更大的人气，继而附近新开业的市场逐渐增加，最后形成庞大的市场群。典型例子是广州中心城区内的批发市场群，以火车站附近的流花服装、站西鞋业、梓元岗皮具市场群最为突出。广州火车站于1974年投入使用，设计日发送旅客能力3万人次，日接发列车能力55对；目前每天接发列车已近100对，春运期间高达140多对；周边聚集了广东省长途客运站（日均发送旅客3.5万人次）、广州市客运站和流花车站等区域性客运站，还有50多个市内的交通始发站。若以火车站为中心，1公里为半径进行缓冲区分析（图6—6），可得火车站5公里缓冲区内已涵盖了上下九路、北京路等广州市历史上商业最繁荣的地域，涵盖的批发市场数量占本书批发市场样本总数的比重高达50%；仅1公里缓冲

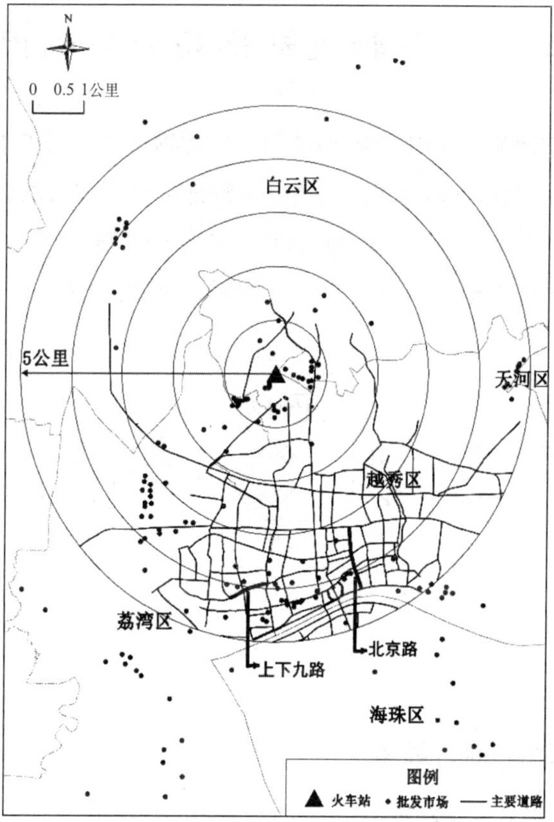

图 6—6　火车站 5 公里缓冲区范围

区内就分布有流花服装、站西鞋业和梓元岗皮具三大批发市场群，批发市场单体 40 个以上。因此，由于便利的交通、浓厚的商业气氛，20 世纪 80 年代末期火车站周边的流花地区已成为全国现代服装专业市场的发源地，到了 90 年代随着白马、红棉、天马等一批服装批发市场的开业，该地区的批发市场进入繁荣发展时期。

第二节 货物流动格局的影响因素

根据空间相互作用理论，两地间发生货物流动是因货流的源地和目的地存在差异，在两地可达的情况下源地的推力和目的地的拉力共同使得货物发生流动。一般而言，货物流动的强度与源地的推力、目的地的拉力成正相关，与两地间流动的阻力成反相关(图 6—7)。

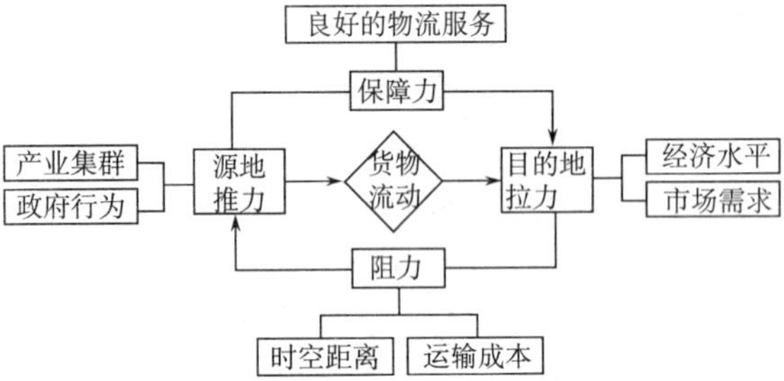

图 6—7 货物流动格局的影响因素

一、源地推力因素

(一) 产业集群的发展

本书综述部分已指出，国内外学者普遍认为产业集群与批发业(批发市场)的关系十分密切，批发市场带动了地方产业的发展，并使得专业化程度不断加深，而产业的发展反过来支撑了市场的顺利运作。通过第三章对广州经济活动的分析发现，广州作为集散中心、(商贸)服务中心的城市性质必将使得第二产业在广州乃至整个广东省中的优势减弱，不能很好地满足批发市场的供应，除了新塘、白云和花都批发市场较多地受到本地产业集群的支撑外，其余大部分批发市场的货物供应均依赖于外地所形成的产业集群。

纵观国内外产业发展，由于资源禀赋差异、国际分工、历史惯性等原因，各地均形成了一定的产业集群，有自身的优势产业。在激烈的竞争当中，拓展外部市场、壮大行业发展已成为企业乃至地方的发展战略。批发业的货物流动具有批次少、批量大的特点，对于商家而言，这种规模效应是取得低成本的重要手段，对于厂家而言则是薄利多销、拓宽市场的有效途径。因此，批发市场是商品分销的重要途径，也是企业获取商品市场信息的有效途径。

广州的批发市场商品众多，大多与各地的产业集群密切相关。据调查显示，97％的茶叶来自云南（普洱茶）和福建（铁观音）两省；90％的木材产品来自南美洲、非洲、马来西亚、中国云南、中国广西等森林资源丰富的地区；90％的陶瓷类产品来自潮汕地区和佛山市，其中潮汕以工艺陶瓷为主，佛山以建筑陶瓷为主；81％的灯饰品来自中山古镇；花卉以佛山顺德、三水等地供应居多，比重为 43％；电子电器产品主要来自东莞、深圳、中山等电子信息制造业发达的城市，比重为 41％。另外，河北的皮毛（比重为 60％）、珠三角和江浙、福建、粤东的成衣（比重为 45％），都是批发市场皮毛、成衣类产品的主要供应源。

从城市内部看，最突出的是增城新塘的牛仔制衣业，是中大布匹、沙河服装和流花服装等批发市场群牛仔布匹、成衣类产品的重要供应源。牛仔服装是新塘镇的特色产业，发端于 20 世纪的改革开放初期，现已发展成为全国最大的牛仔服装生产基地。据有关统计，全镇有牛仔服装及相关企业近 2 600 多家，生产的服装销往世界各地，全国出口的牛仔服装有 30％来自新塘镇。此外，白云、花都等区域所形成的皮材皮具、农产品产业集群，也是两地批发市场群的重要供应源，加上两区域的本地销售比重也具有一定规模，因而导致这两个区域内部的货物流动规模较大，成为城市内部流网络中的重要结点。

（二）地方政府的推动

产业集群是货物流动的重要推力，同时地方政府的推动也起着重要作用。在产业集群发展的基础上，政府相继出台系列的优惠政策和措施，鼓励企业走出去，拓展外部市场，从而进一步壮大该产业的发展。云南省是广州销售的普洱茶的重要源地，茶叶产业是云南的重要优势产业，2010 年茶叶种植面积 551.55 万亩，位居全国第一位。在 2005 年，云南省政府出台了“云南省人民政府关于加快茶叶产业发展的意见”，提出茶叶产业在发展过程中要以市场为导向，由注重省内市场向注重省内外及国内外市场转变；并鼓励云南茶叶企业到省外、国外建立“云茶”专销市场；适时向国内外推荐云南茶叶，扩大云南茶叶的市场影响力。随后于 2010 年的“云南省人民政府关于进一步加快茶产业发展的意见”，提出要将昆明作为云南茶产业发展的重要组成部分和云茶流通的重要平台，规划建设国际知名的茶叶专业市场；同时，扶持企业在缅甸、马来西亚、泰国、新加坡等南亚、东南亚国家及东欧、西欧建设一批专业的云茶批发零售市场，扩大云茶产品的直接出口量。在调查过程中发现，广州不但在全国的普洱茶市场当中占有较大的份额，而且也是茶商推广产品到国内外地区的重要桥梁。因此，云南当地政府十分重视广州的“窗口”作用，鼓励茶企走出去和开拓市场的同时，还牵头组织企业参加广州茶博会，以期借此平台进一步开拓国内市场，并扩展港澳台与东南亚市场。

二、目的地拉力因素

（一）目的地的经济发展水平

目的地的经济发展水平对货物流动具有较大影响。一般而言，一个地区的经济越发达，其消费水平越高；对比起其他经济相对薄弱的地区，商品在该地区的市场份额就越大，或者说，商品的销售潜力越大。本书第五章通过对调研资料的分析得出，就批发市场群的货物供应而言，省外城市是供应规模最大的地域；其中，江浙、福建、河北和云南等地是主要的供应源，重点供应成衣、皮料、皮革、小商品、茶叶和金属材料等多种商品。就货物销售总量而言，最大的销售目的地为除广州市以外的珠三角和港澳台等地区（以珠三角地区为主），比重为 46.35%；若加上广州市内的销售，比重高达 65.31%。

从主要供应地和目的地的经济水平来看，珠三角地区的发展明显要优于我国内陆省份。图 6—8 是 2010 年珠三角地区的人均 GDP 情况，与全国的平均水平及我国部分省份的发展水平相比，优势明显。

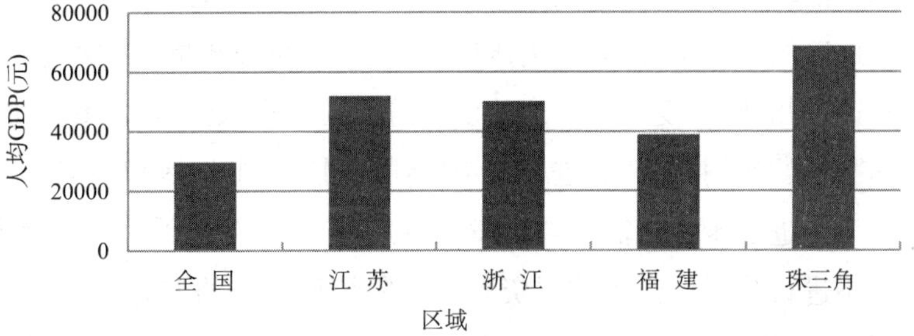

图 6—8　2010 年珠三角与全国及部分省份的人均 GDP

资料来源：2011 年《广东省统计年鉴》。

（二）目的地的需求

两地间货物的流动是由于两地存在互补性，源地所供应的货物正是目的地较为缺乏的，或是具有价格优势，因而在目的地中产生较大需求。例如，流花服装批发市场群，货物的销售以国外地区为主，销售比重高达 66.87%，其中大部分销往中东、非洲地区。这些地区的经济多以石油、矿石等资源型产业为主，制造业（尤其是轻工业）不发达，对成衣、鞋帽等生活类商品具有较大的需求。而中国是制造业大国，随着中非贸易的发展，中国已经成为非洲最大的贸易伙伴；在广州火车站商圈及附近聚居了为数众多的非洲人，他们大多是进行中非服装、小饰品贸易的客商，批发市场是重要的采购渠道之一。

若从整个广州市的货流角度看，导致货物流动的需求有两个层面，一是内部需求，二是外部需求。内部需求是指广州市内对货物的需求。广州的服务业十分发达，第三产业增加值现已占地区生产总值的60%以上。在发达的服务业基础上，广州形成了庞大的市场需求，也决定了广州货物的供应以来自城市外部区域为主。外部需求是由于广州的城市性质所产生的，广州的批发业和物流业均是典型的基本活动行业，以服务城市外部需求为主。实质上，广州市历来是华南地区的集散中心，外部需求旺盛。因此，可以推断，货物从供应地到达广州，除了受广州本地的市场需求吸引外，更多的是想借助广州的“桥梁”作用，将产品进一步销售到广州以外的地区和国家。

为了进一步弄清需求与批发业发展的关系，笔者采用格兰杰因果关系进行分析。由于数据资料的局限统计标准的差异，这里选择以下指标：用批发业商品销售总额反映广州市批发业的发展水平（wh），用零售业商品销售总额代表城市的内部需求（re），用商品出口总值代表城市的外部需求（ex）。所有数据均来自各年份的广州市统计年鉴，时间段为1987～2009年。为了消除时间序列数据可能出现的异方差现象，对上述三个变量取自然对数，得到新的变量序列，分别记为：lnwh、lnre、lnex。

1. 平稳性检验

运用普通时间序列单位根检验的ADF法对新的变量序列进行单位根检验，发现各个时间序列本身都是非平稳的，而经过一阶差分后的序列（分别记为dlnwh、dlnre、dlnex）则不存在单位根的问题，所以 lnwh、lnre 和 lnex 都是同阶单整，即都是 I(1)，如表 6—1 所示。

表 6—1　变量平稳性检验结果

变量	检验形式	ADF 统计量	临界值	结论
dlnwh	C&T	−5.296835	−4.467895***	平稳
dlnre	C	−2.858290	−2.646119*	平稳
dlnex	N	−2.109946	−1.958088**	平稳

资料来源：根据广州市 1988～2010 年统计年鉴的相关数据计算而成。

注释：检验形式中的 C&T 代表同时包含常数和趋势项，C 表示只包含常数项，N 表示不包括常数和趋势项，滞后阶数均为 0；*、** 和 *** 分别表示 10%、5%和 1%显著性水平的检验值；表中所有结果均由 Eviews 软件计算得出。

2. 协整检验

lnwh、lnre 和 lnex 都是同阶单整，可对变量之间的协整关系进行检验。协整检验分为两步：一是分别建立 lnwh 对其他两个变量的回归模型，并用 OLS 法进行估计；二是分别对所得的残差序列 E 进行 ADF 检验，如果拒绝残差序列存在单位根的假设，则这个残差序列是一个平稳的随机过程，可以认为变量之间存在长期稳定的均衡(表 6—2)。

表 6—2　残差平稳性检验结果

变量	检验形式	ADF 统计量	临界值	结论
$E_{LNWH\&LNRE}$	N	−2.649803	−1.959071**	平稳
$E_{LNWH\&LNEX}$	C	−4.260586	−3.769597***	平稳

资料来源：根据广州市 1988～2010 年统计年鉴的相关数据计算而成。

注释：$E_{LNWH\&LNRE}$代表由 lnwh 和 lnre 建立的回归模型的残差；$E_{LNWH\&LNEX}$代表由 lnwh 和 lnex 建立的回归模型的残差。

根据上表，由两组变量的回归模型所得的残差序列均为平稳系列，因此认为两组变量均存在长期稳定的均衡联动关系。但协整关系只表示了变量之间存在一个共同的趋势，没有反映出谁是谁变化的原因，因此要进行格兰杰因果分析。

3. 格兰杰因果分析

本文将三个变量组合成两组变量，并分别采用格兰杰因果关系检验二者之间是否存在因果关系。在协整检验过程中，只需采用一般的 EG 协整检验法检验两个变量之间的协整关系，不需要对变量进行多重协整检验。

由于原对数序列经过一阶差分后都变得平稳，所以对一阶差分序列进行格兰杰因果分析（表 6—3、表 6—4）。

表 6—3　格兰杰因果分析结果（一）

因果关系假定	滞后期数	F 值	P 值	结论
Dlnwh 不是 dlnre 的 Granger 原因	1	1.53812	0.2308	接受
dlnre 不是 Dlnwh 的 Granger 原因	1	0.11362	0.7400	接受
Dlnwh 不是 dlnre 的 Granger 原因	2	0.69349	0.5152	接受
dlnre 不是 Dlnwh 的 Granger 原因	2	4.88975	0.0232	拒绝
Dlnwh 不是 dlnre 的 Granger 原因	3	2.55548	0.1042	接受
dlnre 不是 Dlnwh 的 Granger 原因	3	2.47836	0.1111	接受
Dlnwh 不是 dlnre 的 Granger 原因	4	1.84141	0.2052	接受
dlnre 不是 Dlnwh 的 Granger 原因	4	1.65519	0.2432	接受
Dlnwh 不是 dlnre 的 Granger 原因	5	3.35221	0.0865	接受
dlnre 不是 Dlnwh 的 Granger 原因	5	3.73211	0.0700	接受
Dlnwh 不是 dlnre 的 Granger 原因	6	1.05214	0.5263	接受
dlnre 不是 Dlnwh 的 Granger 原因	6	0.79023	0.6326	接受

资料来源：根据广州市 1988～2010 年统计年鉴的相关数据计算而成。

表6—4　格兰杰因果分析结果(二)

因果关系假定	滞后期数	F值	P值	结论
Dlnwh不是dlnex的Granger原因	1	0.02722	0.8708	接受
dlnex不是Dlnwh的Granger原因	1	6.35102	0.0214	拒绝
Dlnwh不是dlnex的Granger原因	2	0.28200	0.7582	接受
dlnex不是Dlnwh的Granger原因	2	1.61386	0.2318	接受
Dlnwh不是dlnex的Granger原因	3	1.06378	0.4007	接受
dlnex不是Dlnwh的Granger原因	3	1.61937	0.2368	接受
Dlnwh不是dlnex的Granger原因	4	1.03566	0.4401	接受
dlnex不是Dlnwh的Granger原因	4	0.49659	0.7393	接受
Dlnwh不是dlnex的Granger原因	5	0.59925	0.7047	接受
dlnex不是Dlnwh的Granger原因	5	0.27403	0.9116	接受
Dlnwh不是dlnex的Granger原因	6	0.26063	0.9242	接受
dlnex不是Dlnwh的Granger原因	6	0.90436	0.5828	接受

资料来源：根据广州市1988～2010年统计年鉴的相关数据计算而成。

结果显示，在显著水平5%时，对于原假设“Dlnre不是dlnwh的Granger原因”在滞后2期的情况下，P值为0.0232，拒绝原假设，即在滞后2期的情况下，内部需求是批发业发展的格兰杰原因；同理，对于原假设“Dlnex不是dlnwh的Granger原因”在滞后1期的情况下，P值为0.0214，拒绝原假设，即在滞后1期的情况下，外部需求是批发业发展的格兰杰原因。

因此，可以得出结论：城市内部需求、外部需求和批发业之间都只是单向的因果关系，并不存在互为因果的反馈性联系；广州庞大的市场需求是批发业发展的重要影响因素。再进一步结合调研结果以及第五章的分析结论(全市批发市场群的商品销售总量中有46.35%的商品销往珠三角和港澳台等地，其次是省外销售(占20.69%)，省内销售和国外销售分别占7.02%、6.98%，广州市内的销售仅占18.96%)，可以得出外部需求对广州批发业的影响更为明显。

三、流动过程中的阻力和保障力因素

货物从源地到目的地的流动，除了受到推力和拉力的作用外，还会受到时空距离以及运输成本的阻力。也就是说，两地相隔越远、运费越高，就越不利于货物的顺畅流动。这时，需要有一个保障力——良好的物流服务，来克服这种时空维度的差异和相对降低运输成本。

因此，就广州物流企业提供的物流服务和收取的物流费用问题，笔者对批发商家进行了调查。如图6—9和图6—10所示，图6—9是调查问卷中"对物流公司服务(即物流公司是否能将货物准时、完好地送到准确地点)进行评价"的受访者回答情况。显然，选择"一般"的占了大部分(比重为62%)，其次是选择"满意"，比重为28%。

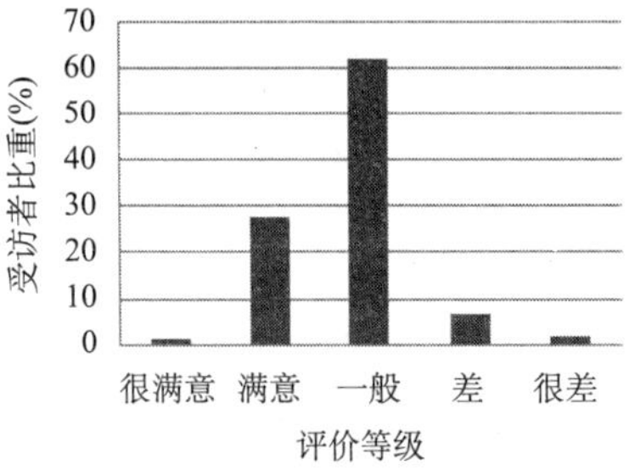

图6—9　商家对物流服务的满意度

图6—10是调查问卷中"您觉得货运公司的收费:很贵、有点贵、一般、便宜、很便宜"的受访者回答情况，与上题答案类似，选择"一般"的占了大部分(比重为54%)，其次是选择"有点贵"，比重为37%;"便宜"和"很便宜"选项的受访者比重之和不到"2%"。

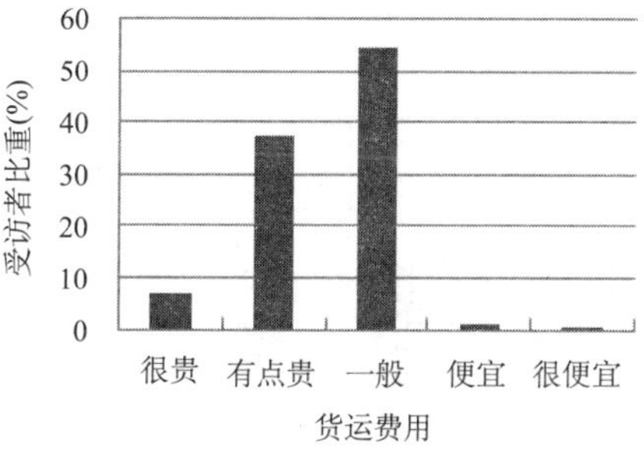

图 6—10　商家对货运费用的意见

从调查中可以得知，虽然目前物流公司所提供的服务还有待改进，但基本上能让商家接受；选择“差、很差”的主要原因是物流公司在提供服务过程中所出现的延期送货、送错货现象，以及物流人员态度差、对待货物不小心等。至于货运费用方面，大部分商家表示收费一般，可以接受，但觉得费用偏高的商家也占了 37%，说明总体而言，货运费用的收取还是偏高的。

某些送货人员的态度是很差的，我们经常接到客户的投诉，有部分客户还因此将货物退了回来。这个我们也没有办法啊，我们只管做买卖和跟进产品质量，根本管不了那些送货人员，即使我们长期跟一家物流公司合作，但也左右不了他们的人员调配。整个物流行业都这样，没办法。

——商家访谈(2011 年 3 月 22 日，启秀茶叶批发市场)

第三节　综 合 机 制

综合上两节对影响因素的探讨，以及第三章对广州经济活动的分析，广州批发市场物流空间格局的形成机制如图 6—11 所示。

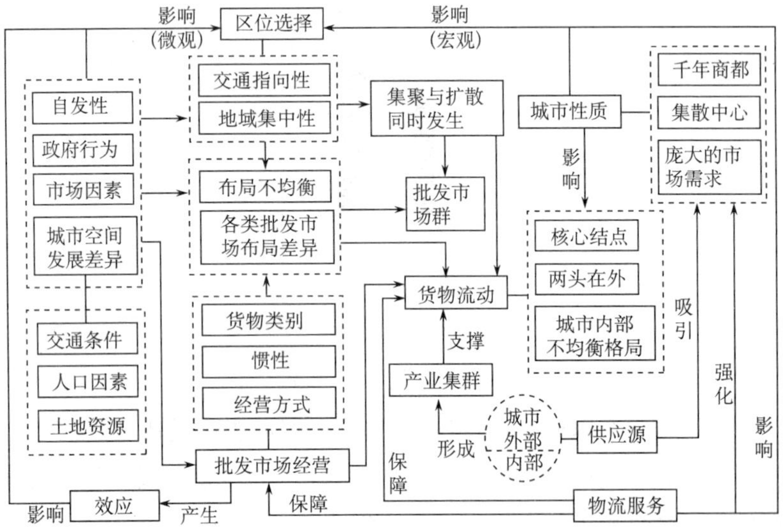

图 6—11　批发市场物流空间格局的综合机制

第一，广州的城市性质影响了批发市场的宏观区位选择；也是珠三角和省外城市作为物流网络核心结点的重要原因，并导致“两头在外”的货物流动格局；产业集群在批发市场的货物流动格局中起着支撑作用。

根据第一章中对批发市场类型的阐述，批发市场按其所在地的产业特征和区位优势可分为产地型、销地型和集散地型。从第四章和第五章对广州批发市场的物流空间格局的分析得知，广州绝大部分批发市场既非产地型，也非销地型，而是属于集散地型。批发市场是商品销售渠道之一，在某种程度上也是货物的集散中心。不少批发商家选择落户广州，并全球各地组织货源和销售产品，与广州的城市性质密切相关。第三章已提及，广州市是古代海上丝绸之路的重要节点，经商历史悠久，文化浓厚；造就了它一直作为华南地区的集散中心、服务中心。因此，落户广州的批发商家将广州视作拓宽产品销售渠道的桥梁和窗口，通过批发市场的集聚经营，以及参加各类交易会、展销会提高产品知名度，扩大市场份额。

作为集散中心和服务中心的广州市，目前其服务业已占地区生产总值的60%以上；相对于服务业，广州的制造业优势减弱，决定了批发市场货物以外地供应为主、本地供应比重小的特点。在发达的服务业基础上，广州形成了庞大的市场需求，包括内部需求和外部需求。其中，外部需求是广州批发市场货物流动的重要拉力，因此最终导致批发市场货物流动的“两头在外”特征突出。

根据第五章的分析，珠三角、省外城市是广州批发市场物流网络的重要结点，这也体现了广州的城市性质。广州一直作为华南地区的中心城市，使得城市与珠三角联系较为密切。尤其是20世纪80年代初，国家实行改革开放政策，珠三角地区凭借毗邻港澳的优势，以深圳、东莞等市为代表，承接了大量来自香港、台湾的制造业，涉及制衣、玩具、塑料、电子制造等各种行业；同时，南海、番禺、顺德、中山等地的乡镇企业、民营企业也犹如雨后春笋般发展起来，使得整个珠三角地区的制造业发展迅猛。这一阶段，在广州相继开业的批发市场无论是市场数量还是市场规模上都逐渐扩大，很好地服务了整个珠三角地区，并成为该地区商品流通的重要渠道之一。20世纪80～90年代，由于我国东南沿海的改革开放创造了大量的就业机会，内陆省份的劳动力大批往东南部迁移，出现了“孔雀东南飞”的局面。而广州作为华南地区与中国内陆联系的核心结点城市，无论在人口的迁移，还是资金、货物、信息等要素的交流方面，都起着重要作用；尤其是广州的批发市场以及各种知名交易会、订货会，为我国的“广货北上、北货南下”提供了有利而快捷的流通平台。总之，改革开放30年来，广州的经济发展和城市建设有了很大的跨越，“珠江三角洲地区改革发展规划纲要(2008～2020年)”中明确把广州定位为“国家中心城市”,反映了广州在全国的重要地位和作用。

产业集群,特别是城市外部形成的产业集群是广州批发市场货物流动格局的重要支撑。城市外部各门类优势产业的商品在广州批发市场中多有销售,如南美洲和非洲的木材产品、绍兴柯桥的布料、河北的皮毛、云南和福建的茶叶、江浙的成衣、潮汕的陶瓷、中山的灯饰、佛山的花卉和陶瓷、东莞和深圳的电子电器产品等。当然,广州市内部的产业集群对于批发市场的货物供应也具有较大影响,如增城的牛仔纺织业、白云区和花都的皮革、皮具业等。

第二,在全球经济一体化的背景下,具有竞争优势的城市物流业使得批发市场得以在广州聚集;良好的物流服务保障了批发市场经营及其货物顺畅流动的同时,进一步强化了广州的城市性质。

现代物流在当代全球化经济中扮演着重要角色,它使得跨国界的生产合作和商品在全球的顺畅流动成为可能(Aoyama et al.,2006)。广州批发市场的货物种类繁多,有新鲜易腐的农产品,也有一般的工业品;布局上大部分既非靠近产地,也非靠近消费地。因此,能够吸引批发商家落户广州,就必须依靠具有一定竞争优势的城市物流业,只有提供良好的物流服务,才能保障货物的顺畅流动。

第一章和第三章的分析表明,物流业是全市最重要的基础产业,在广州的经济发展中起着重要作用。广州物流业所具有的竞争优势包括良好的基础设施建设、丰富的人力资源等有利的生产要素条件,还有建立在雄厚的工业基础和繁荣的商贸活动之上的庞大的物流需求,以及产业集群逐步形成、政府大力支持等。显然,良好的竞争优势对于批发贸易活动的顺利进行具有强大的保障作用。

上节分析也表明,虽然目前广州的物流服务水平仍有待提升,但总体上可以让商家接受。良好的物流服务在保障批发市场经营及其货物顺畅流动的同时，也进一步强化了广州作为集散中心、商贸中心和服务中心的城市性质。

第三，城市交通、人口、土地等要素的空间差异，以及政府行为、市场因素和商家的自发性行为等因素共同作用于批发市场的微观区位选择及其经营活动，导致批发市场的空间布局不均衡；各类批发市场的集聚经营进一步加剧了这种不均衡格局。

城市的空间发展存在差异性，如交通条件、人流量、土地资源等要素在城市的空间分布上并不均衡，加上政府行为、市场因素和商家的自发性行为等因素，对批发市场的微观区位选择及其经营活动造成影响。显然，批发市场的布局是各种因素相互作用的结果，但在市场的不同发展阶段，各因素的主导作用具有差异。一般可归结为三个阶段（图 6—12）。

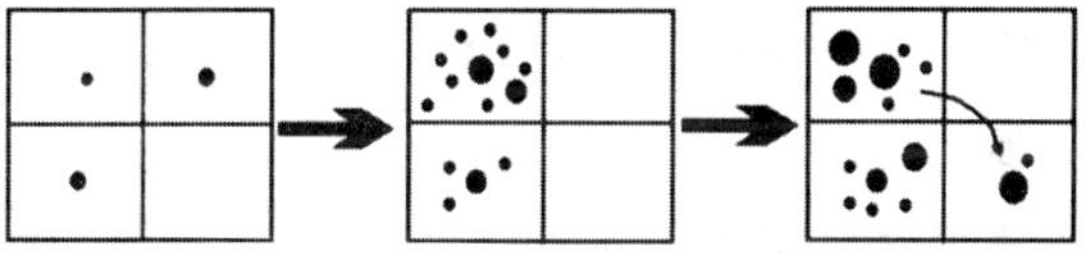

阶　段	发育阶段	壮大阶段	成熟阶段
主导因素	自发性或政府行为	市场因素	政府行为
体现	批发市场建立	批发市场壮大或消亡	批发市场升级、转型，或搬迁

图 6—12　各阶段批发市场主要影响因素及其作用

一是批发市场的发育阶段。一方面，在自发性的影响下，由于是小本经营，商户通常选择地价相对较低、交通相对便利的地方进行批发经营，具有小打小闹的特点。当地政府除了例行的消防治安管理以外，并没有介入市场的管理，而是任其自由发展。因此，在早期市场复杂的环境中，形成了经济精英主导发展的局面（林耿，2011）。另一方面,政府综合考虑用地、交通、产业等要素,通过政策优惠、资金扶持等方式自建或引进企业投资建设批发市场,如20世纪80～90年代的大型批发市场多数由政府主导建设。

二是批发市场的成长、壮大阶段。第一阶段建立起来的市场,在市场优胜劣汰作用的调节下出现分化,部分市场人气得到不断积累,经营规模日益增大,并吸引更多的同类市场在周边开业,形成市场群,继而成为区域乃至全国重要的批发市场群;部分市场由于经营惨淡而逐渐消亡,或者转型。

三是批发市场的成熟、转型升级阶段。批发市场经过了第二阶段的成长壮大,开始出现不少问题,如周边交通拥堵严重、土地资源稀缺等导致的扩张空间有限,再加上自发性发展起来的市场普遍具有散、乱、差的特征,这时政府的重要性开始上升。一方面为了提升城市人居环境质量;另一方面为了市场的经营环境有所改善,政府开始重视批发市场的空间规划,并出台相关的政策措施,对市场进行升级或搬迁。

批发市场在发展壮大过程中,逐步形成了特有的商业经营传统和消费者的消费惯性。尤其是同类型批发市场,它们的集聚经营使得这种惯性更为突出,也从而加剧了批发市场的不均衡格局。在广州,想买布匹,就去中山大学对面的批发市场;想买精品文具,就去一德路;想买茶叶,就去芳村;想买皮包,就去梓元岗;想买衣服,就去流花或者沙河……这就说明广州的批发市场已具有很高的知名度,而且因其历史悠久,也在人们心目中占据一定地位。因此,商家都十分看重集聚经营的重要性。目前,政府花了不少力气对城区的批发市场群进行升级改造,或拆除或搬迁,但效果并不理想。其实,批发市场的区位大多还存在着根植于地方的特征,在长期自发发展形成之后,一旦区位改变,往往活力难继,式微甚至衰落(林耿,2011)。往往在大多数情况下，批发市场商户对政府搬迁、改造市场存有较大异议。在对批发市场商家进行的问卷调查中，有一道关于改善批发市场交通拥堵、物流混乱的问题：若进一步改善批发市场的交通状况，您认为主要从以下几方面着手（多选）：a. 增加停车场；b. 加强交通秩序监管；c. 修建公共仓库；d. 引入大型货运公司；e. 夜间货运；f. 控制批发市场规模；g. 搬迁批发市场；h. 其他（请补充：　）。结果如图 6—13 所示。

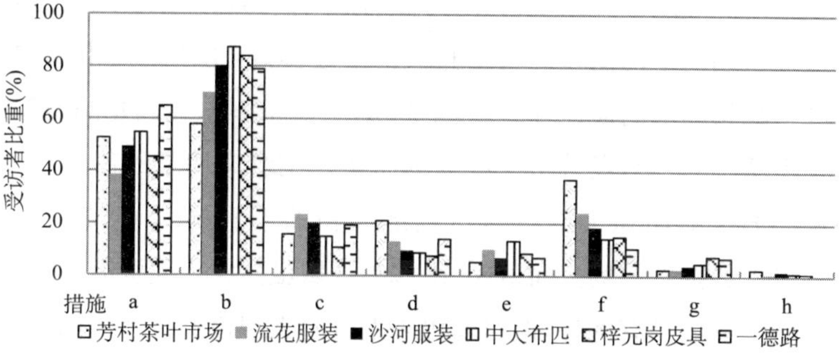

图 6—13 商家对广州批发市场物流状况的改善意见

图 6—13 显示，虽然批发市场经营的货物类别不一样，但对答案的选择十分类似。商家普遍认为，加强市场的交通秩序监管是改善经营环境的重要措施，其次是增加停车场。两者反映出，批发市场的交通状况在硬件和软件上均与商家的经营不匹配，造成了严重的交通拥堵和环境污染。该图还反映了一个重要信息，即使商家们觉得批发市场的交通拥堵比较厉害，但选择“搬迁批发市场”的商家却寥寥无几，比重不超过 10%。从这一角度看，政府在对批发市场进行拆迁的时候，要慎重，多听取商家的意见，不能贸然进行。

五洲城国际建材中心设在五洲装饰世界旁边，是市场升级改造的结果，但客流量却比传统的五洲装饰世界冷清。商家普遍反映：我们不去那边，铺租那么贵，顶不住的；而且，一般的客户（包括零售）也不喜欢去那里，因为价格没有我们这边便宜。

——商家访谈（2011 年 4 月 12 日，五洲装饰世界）

第四，批发市场的不均衡布局是城市内部流格局的重要成因。掌握众多的产品资源和密集的物流基础设施布局是白云区成为城市内部及外部物流网络重要结点的主要因素。

广州批发市场的货物流动除了具有明显的“两头在外”特征外，其城市内部形成了西强东弱、南北低的不均衡格局。该格局的形成，与批发市场的不均衡布局密切相关。上述提到，由于批发市场的多年经营积累起来的惯性等原因，不断吸引其他市场（尤其是同类型的批发市场）的集聚，以城市中心最为密集。结合第四章的研究，广州市中心城区的面积大约占全市土地面积的不到 5%，但却集聚了 70%以上的批发市场。而萝岗、南沙等区域虽然在土地资源、物流基础设施等方面具有优势，但目前仍未发育起大规模的批发市场，且也不是主要的销售地，导致它们在整个城市物流网络中处于落后地位。

由第五章的分析得知，白云区无论是在广州与外界联系形成的物流网络中，还是基于内部需求所形成的城市内部物流网络中，都是重要结点之一。也就是说，货物在白云区的集散十分频繁。通过对调研资料的分析发现，掌握众多的产品资源和密集的物流基础设施布局是主要的原因。

从白云区所掌握的产品资源看，广州市 21 个批发市场群中，有近 1/4 位于白云区，商品范围涵盖果蔬、粮油、蛋品等农产品，皮具、皮革、箱包、美妆等日用品，以及建筑、装饰材料、汽配用品等。另外，相对于广州的中心城区，白云区境内还有为数较多的工厂和较大面积的农业用地，它们也是批发市场产品的供应源之一。掌握众多的产品资源是白云区货物集散的重要保障。

从白云区的物流基础设施看(图 6—14),白云区是广州市政府规划的物流业重点发展地区之一,境内有众多的货运站场和发达的运输网络。在广州市工商局红盾网上公布的货运站场信息中,几乎所有的货运站都位于白云区,包括西城同德(黄金围)货运市场、沙太货运站、丰和货运市场等近 50 个。此外,G105、G106、G107 等国道和京珠、广惠、北环及华南快速干线等城市主要的高快速路都在白云区境内穿过,交通极为便利。

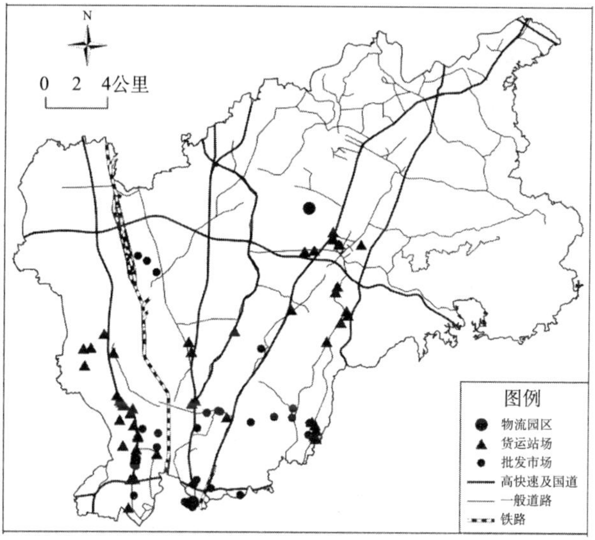

图 6—14　白云区物流结点布局

第五,批发市场经营所产生的效应反过来影响批发市场的区位选择。

批发市场在经营过程中同时产生正面效应和负面效应。正面效应是指批发市场在经营过程中不断累积人气和知名度,使得商品的交易信息、市场需求信息的获取相对集中和便利,从而不断吸引批发商家在市场落户，最终带动了一片市场的发展，形成市场集群。在市场群形成后，反过来又吸引更多的批发商家落户，最终使得市场群的经营规模、集聚规模日益增大，同时也无形中加剧了批发市场在城市布局的不均衡。负面效应是指批发市场在经营过程中形成的传统交易方式、相对较小的经营规模等驱使了批发市场群内商流和物流功能的空间未能很好分离，并由此导致市场群内部及其周边严重的交通拥堵、环境污染，甚至交通事故。另外，集聚性虽然是批发市场经营的主要特点，但也有可能出现集聚不经济的负面效应，政府不得不考虑对批发市场进行改造或搬迁。

现货交易这种传统的交易方式在批发市场群中仍占据着重要地位。即使如今有了相对发达的物流系统支撑，且商家的货运业务也几乎全外包给货运公司，但几十年来形成的这种运营模式，以及由于在市场内所形成的交易规模相对较小，为了方便货物收取以及节省时间，货运站、仓库（货运公司所有及商家自有）与批发市场形成了“共生”的关系。广州的批发市场群内一般都有两个以上的货运站，个别市场群还多达 10 个以上。批发市场的商家几乎全都依赖于货运公司。除了个别情况外（例如，在一些货物批量较大且距离较近的情况下，商家会考虑自营物流，用自己的车辆将货物送给客户），商家一般都以托运的方式将货物发送给客户。货运站主要负责市场内商家货物的集散。一些大型的物流公司（如新邦、德邦等）会在批发市场设置营业网点，负责收发货；或者直接把货车开到门店，不断装载，直到满载后运回公司的转运中心，转装干线车发货。另外一种情况，货运站内有不少以档口形式存在的小公司，他们主要经营货运专线，负责市场与特定地区之间的专门运输；他们其中也有不少是专门“炒货”，赚取中间差价。无论是大公司还是小公司，设立营业网点或档口的部分原因是：在很多情况下，货物涉及代收货款，物流公司必须以网点、档口经营的形式才能让货主放心托运。根据实地调研，中大布匹批发市场群的广州国际轻纺城、长江国际轻纺城，以及江南纺织城等市场内部都设有货运站，共计车位约 210 个，专线多达 80 条以上。其中，前两者以往珠三角地区的运输为主，江南纺织城货运站主要以长途运输为主，多为珠三角以外的区域。

批发市场内的仓库在物流运作过程中也扮演了重要角色，它们大致可以分三种类型：统一配套仓库、与商铺连为一体的仓库以及借助城中村租赁业发展的零散仓库。统一配套仓库一般是在市场群内专门规划的区域，便于商家储存商品，这类型仓库也经常出现在现代化的批发市场内，作为该市场统一配套的仓库。与商铺连为一体的仓库多见于传统的批发市场，以一楼为商铺，二楼为仓库，或者是前店后铺的方式存在。零散仓库往往与城中村的租赁楼房并存，广州有不少的批发市场是在居民楼的基础上发展而成，由于商铺面积有限，加上二楼以上的租金相对便宜，使得市场内的居民楼逐渐变成出租物业，成了商家的仓库。例如，中大布匹市场群内形成了以旧凤凰村、五凤村以及康乐村为中心的六大零散仓库区。批发商家和货运站、仓库之间的货物流动就基本上靠三轮车、手推车和摩托车等接驳。市场与外界的货物流动，除了依赖于上述提到的货运公司车辆外，还有停靠在市场群内的众多的小型面包车，专门负责广州市内或者城市周边的货物运送。

批发市场内的商流和物流功能空间未能很好地分离，人车混杂，由此导致市场群内部及周边严重的交通拥堵、环境污染，甚至交通事故。

表 6—5 是笔者对广州中大布匹批发市场群内的车流量调查。在市场群与外部的通道中，如瑞康路—新港西路路口，每 5 分钟的机动

表 6—5 批发市场车流量状况

路口	路面属性	车种及车流量					
		每 5 分钟流入的车流量			每 5 分钟流出的车流量		
		机动车	三轮车/自行车	总流量	机动车	三轮车/自行车	总流量
瑞康路—新港西路口	有管治	112	14	126	123	20	143
凤景西路—东晓南路口	无管治	73	166	239	80	159	239
逸景路—瑞康路口	有管治	66	55	121	70	49	119
立新街—瑞康路口	无管治	78	300	378	64	358	422
中大站路口	无管治	54	156	210	76	296	372
兴隆大街北端路口	无管治	77	310	387	101	411	512
立新街西端路口	无管治	79	330	409	97	470	567
凤岗脚路西端路口	无管治	13	45	58	23	87	110
南约大街东侧路口	无管治	56	312	368	67	398	465
广州国际轻纺城货运站路口	无管治	33	178	211	45	156	201
康乐西约新街西段路口	无管治	47	203	250	44	279	323
国际轻纺城北区东侧路口	无管治	12	34	46	11	40	51

注释:流入是指进入市场群的车辆,流出是指从市场群往外的车辆;有管治指有双向车道划分,无管治指无双向车道划分。

图 6—15　批发市场内部物流状况

车多达 235 辆；而在市场群内部的通道，自行车或三轮车等非机动车的数量却是十分惊人，有的甚至每 5 分钟近 800 辆(图 6—15)。

笔者对市场群内及周边的居民进行了问卷调查，在问题“批发市场是否存在噪声影响?”中，选择“噪声影响十分严重，无法忍受”的受访者比重就占了 29%，选择“噪声影响严重，但勉强能忍受”的受访者比重也达 16%。

沙河、中大布匹批发市场，我们能不走就不走，一进去，(高峰期间)没两个小时都出不来。那些骑三轮车、摩托车、小货车拉货的，哪里有货就哪里拉，完全不顾交通秩序，你在后面鸣喇叭也没用，他就是不管你。一旦和他们发生事故，(警察)就把我们的车拉走，放个十几天，几万元就没了。

——的士司机访谈(2011 年 8 月 2 日，瑞康路口)

批发市场啊，我是无论如何也不进去的，我只能跟很多客人说不好意思，把他们放在路口，不走进去。因为进去都出不来。前段时间在增槎，居然 40 分钟都一动不动，我只好叫乘客下车，我掉头走算了。政府根本管理不了批发市场的秩序，怎么管?!整治那两天还好，一过了，那些拉货的又出来了！

——的士司机访谈（2011 年 8 月 5 日，东晓南路—新港西路口）

第七章　结语

第一节　结论

一、批发市场的布局演变过程中，集聚与扩散作用同时发生

第一，批发市场向心性布局偏好突出的同时，呈现出从城市中心沿主要交通干道扩展的趋势。批发市场具有明显的向心性布局偏好（靠近城市中心布局），城市边缘地区的市场数量较少。从演变轨迹看，批发市场的布局重心从20世纪70年代末位于海珠区与越秀区交界并靠近荔湾区的地方，到整个80年代逐渐往城市东北方向移动（先是在越秀区跟白云区交界的地方，然后是天河区），再到90年代初开始往中心城区方向移动，近年回到内环路附近。

批发市场向心性布局偏好突出的同时，呈现出从城市中心沿主要交通干道扩展的趋势，也导致了郊区化进程的出现。这说明批发市场空间演变过程中，集聚与扩散作用同时发生。

第二，不同类型批发市场在城市空间上的布局各具特点，集聚性几乎是各类批发市场布局的重要特征。对于广州市而言，核心圈层（内环路内部区域）主要布局文体用品市场，中心圈层（内环路与环城高速路之间的区域）以纺织品、皮材皮具及农副产品市场为主，外围圈层（环城高速路以外的区域）以农副产品市场为主。具体而言，农副产品市场从城市核心向外围递增、文体用品市场从城市核心向外

围递减的趋势明显，日用品市场和建材市场也呈现出从城市核心向外围递增的趋势。

与城市总体层面的批发市场布局特征类似，集聚性几乎是各类批发市场布局的重要特征。不同类型批发市场集聚在某些特定区域，从而使得这些地域上形成批发市场集群。批发市场群的形成，进一步加剧了批发市场的不均衡格局。

二、城市物流网络空间特征明显，货物以外向型流动为主，城市内部呈现西强东弱、南北低的格局

第一，"两头在外"特征突出。全市批发市场群的货物流动以外向型为主，供应物流中有 86.00%的货物来自城市外部，城市内部的供应只占了 14.00%；销售物流中有 81.04%货物销往城市外部，城市内部的销售仅占 18.96%。因此，批发市场群的货物流动具有明显的"两头在外"特征。按货物流动空间的主要特征，全市批发市场群可以分为三种类型，一是"两头在外型"（即主要的供应地和销售地均在城市外部区域），占批发市场群总数的 52.38%；二是"外供内销型"（即主要的供应地在城市外部区域，而主要的销售地在城市内部区域）；三是"内供外销型"（即主要的供应地在城市内部区域，而主要的销售地在城市外部区域），后两种类型的市场群数量均占市场群总数的 23.81%。

第二，城市对外联系中形成建材、布匹、花卉等货物的规模流动。广州批发市场群在与外界联系中，形成了建材、布匹、花卉等货物的规模流动。供应流主要有从国外到黄埔鱼珠批发市场群的木材产品流，省外城市到黄埔茅岗、中大布匹、花都狮岭、花地—龙溪和增槎路等批发市场群的金属材料、布匹、皮革、茶叶和果蔬、粮油产品流；从珠三角到黄埔茅岗、花地—龙溪和机场路—黄石路批发市场群的钢

材、花卉和家居饰品流，从粤北到黄埔茅岗批发市场群的钢材产品流。销售流主要包括从黄埔茅岗、鱼珠批发市场群到珠三角的金属材料、木材流，从白云增槎路、花地—龙溪和中大布匹批发市场群到省外城市的农产品、花卉和布匹流。

第三，城市内部呈现西强东弱、南北低格局，在内部流网络中白云区、花都区和海珠区是三大结点。综合城市各区域的集货量与发货量，发现城市内部形成西强东弱、南北低的不均衡格局。黄埔区是广州市内最大的货物集散地。其次是西面的白云区、花都区和海珠区。南北部的从化、萝岗和南沙等区域由于还未发育起规模较大的批发市场群，未能掌握大量的产品资源，且也不是货物的主要销售地，致使它们的货物集散程度较低。

从城市内部的货流规模看，白云区、花都区和海珠区则是三大结点。说明这三个区域除了与城市外部联系外，城市内部及结点内部的货物集散也十分频繁。而黄埔区的货物主要是流向广州外部区域，在内部的流动规模相对较小。

第四，珠三角、省外城市和白云区是物流网络的核心结点。在供应物流网络中，珠三角、省外城市和白云区是核心供应地；在销售物流网络中，白云区、海珠区、花都区、省外城市和黄埔区是核心的供应地，而珠三角、省外城市和国外是核心的销售地。因此，可以认为珠三角、省外城市和白云区是广州批发市场物流网络的核心结点。这里也反映出广州批发市场的辐射范围有限，辐射力主要集中在中国大陆，对国外客商的辐射仍相对较弱。

三、关于批发市场物流空间格局的形成机制

城市物流空间由“点—流—网络”构成，其形成机制是多种因素相互作用的结果。一方面，批发市场的空间布局受到自发性、政府行

为、市场作用、交通条件、土地资源及人流量等因素的影响，这些因素在批发市场成长发展的不同阶段所起的重要性有所差异：在批发市场的发育阶段，自发性或政府行为对市场的建立具有主导作用；在批发市场的壮大阶段，市场作用日益明显，批发市场经历了优胜劣汰的过程；在批发市场的成熟、转型升级阶段，政府作用的重要性开始上升，对市场进行升级改造或搬迁。另一方面，货物流动受到源地推力、目的地拉力、源地与目的地间由于时空距离和运输成本所造成的阻力，以及货物顺畅流动所需的保障力等多种力量的影响。

综合这些因素，可以发现：从城市与外界的联系看，广州作为华南地区集散中心、服务中心，以及“千年商都”的城市性质影响了批发市场的宏观区位选择；也是珠三角和省外城市作为物流网络核心结点的重要原因，并导致“两头在外”的货物流动格局；城市外部形成的产业集群在批发市场的货物流动格局中起着支撑作用。而具有竞争优势的城市物流业使得批发市场在广州聚集；良好的物流服务在保障批发市场经营及其货物顺畅流动的同时，也进一步强化了广州的城市性质。从城市内部看，城市交通、人口、土地等要素的空间差异，以及政府行为、市场因素和商家的自发性行为等因素共同作用于批发市场的微观区位选择及其经营活动，导致批发市场的空间布局不均衡。比如说在人口密集、土地资源稀缺的中心城区，经营的货物以文体用品、纺织品、皮材皮具等生活资料类产品为主；而在城区外围，由于土地资源相对充裕、物流基础设施较为完善，批发市场以经营木材、金属资料等大宗产品为主。在批发市场空间演变过程中，集聚与扩散作用同时发生；批发市场在发展过程中积累的经营惯性进一步促进了批发市场的集聚，也从而加剧了批发市场的空间不均衡格局。这种不均衡布局是城市内部形成西强东弱、南北低格局的重要原因。另外，掌握众多的产品资源和密集的物流基础设施布局，是白云区成为城市内部及外部物流网络重要结点的主要因素。批发市场在经营过程中所产生的正面效应和负面效应反过来又影响了批发市场的微观区位选择。

第二节　主要创新点

第一，以往对广州批发市场的布局研究中，多采用定性描述的方法；内容上侧重于某时间断面的空间分布，也未能从批发市场的初始布局与城市中心之间的关系来研究市场的空间格局演变特征。本书以广州批发市场的开业年份为切入点，总结出批发市场布局的动态特征：具有明显的向心性布局偏好，在其时空演变过程中集聚与扩散作用同时发生。在分别探讨了不同类型批发市场的空间格局特征之后，发现农副产品市场从城市核心向外围递增、文体用品市场从城市核心向外围递减的趋势明显，日用品市场和建材市场也呈现出从城市核心向外围递增的趋势，纺织品市场、皮材皮具市场以及汽车用品市场主要集中在城市中心圈层。与城市总体层面的批发市场布局特征类似，集聚性几乎是各类批发市场布局的重要特征，各类批发市场集聚在某些特定区域，从而形成批发市场集群。

第二，考虑到物流系统的复杂性，本书分别对物流活动中的供应物流和销售物流进行深入分析；尺度上涉及城市与外部区域、城市内部各区域之间的货物流动，并对物流网络中的重要结点进行甄别，从而加强了经济地理学对物流活动空间的研究。在对供应物流活动的分析中发现，广州批发市场的货物供应以外向型为主，并形成建材、布匹、花卉等产品的规模流动；城市内部各区域的集货规模等级差异明显，形成西强东弱、南北低的集货格局。进一步对供应物流网络的中心性分析，得出珠三角、省外城市和白云区是物流网络的核心供应地，流花服装和中大布匹批发市场群是物流网络的核心接收地，南沙区、黄埔茅岗批发市场群等则属于物流网络的边缘结点。

第三，本书从基本—非基本经济活动的视角对销售物流网络的空间格局进行分析，将销售物流活动过程中的出口流和外部流看作是城市的基本经济活动，内部流和进口流则看作是城市的非基本经济活动。结果表明，基本经济活动与非基本经济活动的比率高达4.27，反映出城市经济活动外向性的特点；基本经济活动网络总体上形成了以广州为中心，珠三角和省外城市为重要支点的星形流动格局。

第三节 讨论

本书基于城市尺度，研究城市与外部区域之间、城市内部各区域之间和批发市场内部的货物流动，其中虽然也对不同产品类型批发市场的物流空间格局进行分析，但从全球供应链角度，深入跟踪某一产品的货物流动格局则相对不足，有待于今后进一步研究。

城市物流系统具有复杂性特点，定位为国家级中心城市的广州，人口规模过千万，其物流系统更为庞大和复杂。因此，要全面剖析广州的物流空间格局，具有一定的难度。本书仅以“大进大出”的批发业为切入点，试图通过对批发市场的物流空间格局研究，增进对特大城市物流空间的了解和认识。本书不足之处，敬请各位批评指正。

参考文献

[1] Alderson W. Scope and place of wholesaling in the united states. *The Journal of Marketing*, 1949, 14(2): 145～155.

[2] Alexander J. W. The basic-nonbasic concept of urban economic functions. *Economic Geography*, 1954, 30(3): 246～261.

[3] Andrew C. K. Why regions grow: A review of research on the economic base model. *Federal Reserve Bank of Atlanta*, *Econ*. Rev. 1992, 77(4): 16～29.

[4] Andrew M, Isserman. Estimating export activity in a regional economy: A theoretical and empirical analysis of alternative methods. *International Regional Science Review*, 1980, 5(2): 155～184.

[5] Aoyama Y, Ratick S, and Schwarz G. Organizational dynamics of the U. S. Logistics industry: An economic geography perspective. *The Professional Geographer*, 2006, 58(3): 327～340.

[6] Aurousseau, M. The distribution of population: A constructive problem. *Geographical Review*, 1921, 11(4): 563～592.

[7] Beckmant T. N, Engle N. H, and Buzzell R. D. *Wholesaling*. New York: Ronald Press Co. , 1959.

[8] Baggio R. Network analysis of a tourism destination. The University of Queensland, Queensland, Australia, 2008.

[9] Berry B. J. L. Essays on commodity flows and the spatial structure of the Indian economy. Chicago University of Chicago, Department of Geography; Research Paper No. 3, 1966.

[10] Black W. R. Toward a factorial ecology of flows. *Economic Geography*, 1973, 49(1): 59～67.

[11] Bowen J. T. Moving places: the geography of warehousing in the US. *Journal of Transport Geography*, 2008, (16): 379～387.

[12] Button K and Kulkarni R. Spatial and Distance Statistics of the Trucking and Warehousing Industries using GIS tools. European Regional Science Association in its

series ERSA conference papers, 2001.

[13] Chinitz B. *Urban Freight and the Metropolis*. Harvard University Press, Cambridge, Mass. , 1960.

[14] Cidell J. Concentration and decentralization: the new geography of freight distribution in US metropolitan areas. *Journal of Transport Geography*, 2009, (6): 1～9.

[15] City Planning Commission. Cincinnati, Ohio. Economy of the Area, 1946: 22～23.

[16] Converse P. D. Twenty-Five Years of Wholesaling: A Revolution in Food Wholesaling. *Journal of Marketing*, 1957, 22(1): 40～53.

[17] Dablanc L. Goods transport in large European cities: Difficult to organize, difficult to modernize. *Transportation Research Part A: Policy and Practice*, 2007, 41(3): 280～285.

[18] Dablanc L. and Rakotonarivo D. The impacts of logistics sprawl: How does the location of parceltransport terminals affect the energy efficiency of goods' movements in Paris and what can we do about it? *Social and Behavioral Science*, 2010(2): 6087～6096.

[19] Dennis L. J. Shifts in the wholesale trade status of U. S. metropolitan areas. *Professional Geographer*, 1984, 36(1): 51～63.

[20] Eaton L. Warehouses and warehouse districts in mid-American cities. *Urban History Review*, 1982, 10(3): 17～26.

[21] Glasmeier A. The role of merchant wholesalers in industrial agglomeration formation. *Annals of the Association of American Geographers*, 1992, 80(3): 394～417.

[22] Glasmeier A and Kibler J. Power shift: the rising control of distributors and retailers in the supply chain for manufactured goods. *Urban Geography*, 1996, 17(8): 740～757.

[23] Haring A. Wholesaling and the Wholesaler. *Annals of the American Academy of Political and Social Science*, 1940(209): 39～45.

[24] Harris C. D. A functionial classification of cities in the Uniited States. *Geographical Review*, 1943(33): 85～99.

[25] Hartshorne R. A new Map of the manufacturing belt of North America. *Economic Geography*, 1936, 12(1): 45～53.

[26] Hasegawa N. Trading areas of wholesaling of cities in Miyagi Prefecture-spatial organization of marketing in the Tohoku cities. *Annals of The Tohoku Geographycal Asocciation*, 1974, 26(2): 75～85.

[27] Hesse M. and Rodrigue J. P. The transport geography of logistics and freight distribution. *Transport Geography*, 2004, 12(3): 171～184.

[28] Hesse, M. The system of flows and the restructuring of space: *Elements of a Geog-*

raphy of Distribution. *Erdkunde*,2007,61(1):1～12.

[29] Hesse M. The city as a terminal: The urban context of logistics and freight transport. Aldershot: Ashgate. 2008.

[30] Hino M. Changes in the spatial system of wholesaling in Japan. Science report of the Tohoku university,7th series(Geography),1994,44(2):77～97.

[31] Jumper S. R. Wholesale Marketing of Fresh Vegetables. *Annals of the Association of American Geographers*, 1974,64(3):387～396.

[32] Kanno M. Canonical analysis of commodity flows and socio-economic structure in major US metropolitan areas. *Chirigaku Hyoron* (*GeographicalReview of Japan*) , 1976(49): 197～216.

[33] Kawabata M. Progress in the information network system and locational changes in consumer product wholesalers. *Geographical Review of Japa*,. *Ser. A*, 1995, 68 (5):303～321.

[34] Krumme G. Werner Sombart and the economic base concept. *Land Economics*, 1968,44(1):112～116.

[35] Koganezawa T. The distribution and hierarchy of wholesale vegetable markets in the Tohoku district. Geographical reports of Tokyo Metropolitan University, 1986(21): 293～304.

[36] Mathur V. K. and Rosen H. S. Regional Employment Multiplier: A New approach. *Land Economics*, 1974, 50(1): 93～96.

[37] McGovern P. D. Identifying exporting industries: The base of the base theory. *Journal of the American Planning Association*, 1961,27(2):144～150.

[38] Miguéns J. I. L and Mendes J. F. F. Travel and tourism: Into a complex network. *Physica A*, 2008,387(12):2963～2971.

[39] Mitsuhashi,S. Japanese commodity flows. Research Paper No. 187. Department of Geography, University of Chicago,1978.

[40] Morgan F. W. *Ports and Harbours*. London:Hutch inson,1952.

[41] Murayama,Y. Regional structures of Japanese commodity flows: an approach of geographical field theory. *Keizai Chirigaku Nenpo* (*Annals of the Japan Association of Economic Geographers*),1984(30):95～111.

[42] Ng. A,Gujar G. C. The spatial characteristics of inland transport hubs: evidences from Southern India. *Journal of Transport Geography*,2009(17):346～356.

[43] Nishihara J. Inter-urban linkages and systems of cities: the case of wholesaling activity in Kyushu province, japan. *Geographical Review of Japan*, 1994, 67 (6): 357～382.

[44] Nystuen J. D. and Dacey M. F. A graph-theory interpretation of Nodal Regions. *Re-*

gional Science Association,1961(7):29～42.

[45] Ogunsanya A. A. Spatial pattern of urban freight transport in Lagos metropolis. *Transportation Research Part A*, 1982, 16(4):289～300.

[46] Ogunsanya A A. Estimating intra-urban freight generation and attraction. *Transportation Research Part A*,1984,18(3):181～189.

[47] Ogunsanya A. A. Urban Markets as Freight Nodes in the Lagos Metropolis. *Habitatintl*, 1984(8): 173～179.

[48] Park Se-Hark. The economic base identification: An appraisal. *Land Economics*, 1965,41(4):382～386.

[49] Rabiega W. A and Lamoureux L. F. Wholesaling hierarchies: A Florida case study. *Tijdschrift voor economische en sociale geografie*,1973,64(4):226～230.

[50] Regional Plan Association of New York. The economic status of the New York metro- politan region in 1944, p. 6.

[51] Riemers C. Functional relations in distribution channels and location patterns of the Dutch wholesale sector. *Geogr. Ann*,1998,80(2):83～100.

[52] Scott N., Baggio R., and Cooper C. *Network analysis and tourism: from theory to practice*. UK:Channel View Publications,2008.

[53] Seidler E. Wholesale market development—FAO's experience. Paper prepared for the 22nd Congress of the World Union of Wholesale Markets Durban, South Africa, September 2001.

[54] Siddall W. R. Wholesale-retail trade ratios as indices of urban centrality. *Economic Geography*,1961,37(2):124～132.

[55] Sivitanidou, R. Warehouse and distribution facilities and community attributes: An empirical study. *Environment and Planning A*, 1996(25):1261～1278.

[56] Sustainable distribution: A strategy. Department of the Environment, Transport and the Regions, United Kingdom. Report of the Commissioner of the Environment and Sustainable Development,1999.

[57] Taniguchi E., Thompson R. G., Yamada T., and van Duin R. *City Logistics: Network Modelling and Intelligent Transport Systems*. Pergamon,Oxford,2001.

[58] Teraya R. The postwar urban system in Hokkaido in terms of wholesale and retail trade. The Science Reports of the Tohoku University, 7th Series (Geography), 1986,36(2): 75～101.

[59] Tiebout C. M. The urban economic base reconsidered. *Land Economics*,1956,32(1): 95～99.

[60] Ullman E. L., and Dacey,M. F. The minimum requirements approach to the urban economic base. Papers and Proceedings of the Regional Science Association 1960, 6

(1): 175～194.

[61] Ullman E. L. Minimum requirements after a Decade: A critique and an Appraisal. *Economic Geography*, 1968, 44(4): 364～369.

[62] Vance, J. E. *The merchant's world: The Geography of Wholesaling*. Englewood Cliffs. Prentice-Hall, 1970.

[63] Veenstra A. W., Mulder H. M., and Sels R. A Analysing container flows in the Caribbean. *Journal of Transport Geography*, 2005, 13(4): 295～305

[64] Wasserman S. and Faust K. *Social Network Analysis: Methods and Applications*. New York: Cambridge University Press, 1994.

[65] Weimer A. M. and Hoyt H. *Principles of urban real estate*. New York: The Ronald Press Company, 1939.

[66] Wing H. C. and Lee S. L. The characteristics and locational patterns of wholesale and service trades in the central area of Singapore. *Singapore Journal of Tropical Geography*, 1980, 1(1): 23～26.

[67] Wisetjindawat W., Sano K., and Matsumoto S. Commodity distribution model incorporating spatial interactions for urban freight movement. 85th Annual Meeting of the Transportation Research Board, Washington D. C. January 22～26, 2006.

[68] 蔡静珊. 城市正规经济与非正规经济的联系——以广州中大布匹市场及其周边的制衣行业为例. 硕士论文. 广州:中山大学,2010.

[69] 曹卫东,曹有挥,李海建. 港口体系区域基础的综合评价研究——以长江下游干流沿岸港口体系为例. 安徽师范大学学报(自然科学版),2004,27(2):195～199.

[70] 曹卫东. 城市物流企业区位分布的空间格局及其演化——以苏州市为例. 地理研究,2011,30(11):1997～2007.

[71] 曹小曙,阎小培. 经济发达地区交通网络演化对通达性空间格局的影响——以广东省东莞市为例. 地理研究, 2003,22(3):305～312.

[72] 曹小曙,阎小培. 珠江三角洲城际间运输联系的特征分析. 人文地理,2003,18(1):87～89.

[73] 曹小曙,薛德升,阎小培. 中国干线公路网络联结的城市通达性. 地理学报,2005,60(6):903～910.

[74] 曹有挥. 安徽省长江沿岸港口体系规模组合与空间结构分析. 地理科学,1998,18(3):255～262.

[75] 曹有挥. 江苏省长江沿岸集装箱港口群体基本特征与战略方向. 经济地理,1998,18(4):81～84.

[76] 曹有挥. 集装箱港口体系的演化模式研究——长江下游集装箱港口体系的实证分析. 地理科学,1999,19(6):485～490.

[77] 曹有挥. 长江沿岸港口体系空间结构研究. 地理学报,1999,54(3):233～240.

[78] 曹有挥. 长江下游集装箱港口体系的格局、功能与发展研究. 安徽师范大学学报(自然科学版),1999,22(1):65～68.
[79] 曹有挥,毛汉英,许刚. 长江下游港口体系的职能结构. 地理学报,2001,56(5):590～598.
[80] 曹有挥,李海建,陈雯. 中国集装箱港口体系的空间格局与竞争格局. 地理学报,2004,59(6):1020～1027.
[81] 曹正,包发根. 改造传统批发商业建设现代物流配送中心. 商业经济文荟,2001,(3):13～14.
[82] 崔承印,于彤舟. 北京农产品批发市场规划. 北京规划建设,2002(3):68～70.
[83] 崔丽华. 日本货主企业物流外包动向. 物流技术,2003(5):47～49.
[84] 陈福义,范保宁. 商业地理学的研究对象和科学性质. 经济地理,1985(2):150～152.
[85] 陈华杰,石忆邵. 基于空间句法的商品交易市场空间结构——以义乌国际商贸城为例. 地理学报,2011,66(6):805～812.
[86] 陈浩, 陆林, 郑嬗婷. 基于旅游流的城市群旅游地旅游空间网络结构分析——以珠江三角洲城市群为例. 地理学报, 2011, 66(2): 257～266.
[87] 陈秀琼,黄福才. 基于社会网络理论的旅游系统空间结构优化研究. 地理与地理信息科学,2006,22(5):75～80.
[88] 代永华,晏宗新. 广州市商品流通空间战略布局构想. 上海经济研究,2009(2):74～79.
[89] 丁俊发. 重塑中国批发业的几点思考. 中国商贸,2001(12):4～5.
[90] 丁俊发. 走向世界:国外流通考察报告(上册). 北京:中国商业出版社,2002.
[91] 杜建红,王耀球,戚晓杰等. 批发市场发展与现代物流整合. 中国物流与采购,2003(16):24～25.
[92] 方威,李冲. 基于参数法的物流园区用地规模预测——以长沙市为例. 经济地理,2010,30(10):1653～1656.
[93] 方小山,肖大威. 专业批发市场发展动态研究及规划探析. 城市规划,2002,26(10):61～63.
[94] 顾朝林,甄峰,张京祥. 集聚与扩散:城市空间结构新论. 南京:东南大学出版社,2000.
[95] 顾哲,夏南凯. 空港物流园区布局模式探讨——以上海浦东空港物流园区研究为例. 规划师,2007,23(5):63～66.
[96] 郭崇义,庞毅. 北京大型批发市场辐射力研究. 北京工商大学学报(社会科学版),2010,25(3):32～36.
[97] 韩增林. 试论环渤海地区港口运输体系的建设与布局. 经济地理,1995,15(1):79～84.
[98] 韩增林,王成金. 再论环渤海港口运输体系的建设与布局. 人文地理,2002,17(3):

86～89.
[99] 韩增林,李亚军,王利. 城市物流园区及配送中心布局规划研究——以大连市物流园区建设规划为例. 地理科学,2003,23(5):535～541.
[100] 洪再生,丁灵鸽. 大型空港物流园区的规划要素分析及设计实践——以天津空港国际物流园区为例. 城市规划学刊,2009(4):46～52.
[101] 胡乐伟. 一口通商后广州港茶叶贸易的盛衰变迁及其影响. 农业考古,2011(2):170～176.
[102] 黄河方. 黄沙谊园文具市场. 南方都市报,2009 年 9 月 8 日, A212 版.
[103] 惠英,舒慧琴. 长三角物流园区规划布局分析. 城市规划学刊,2008,23(5):64～70.
[104] 贾会棉,曹印革,路剑. 美日农产品物流发展经验及对我国的启示. 物流科技,2006,29(7):78～81.
[105] 蒋祖缘. 明代广州的商业中心地位与东南一大都会的形成. 中国社会经济史研究,1990(4):19～29.
[106] 金凤君. 我国空间运输联系的实验研究——以货流为例. 地理学报,1991,46(1):16～25.
[107] 金凤君,张文尝. 省级区域铁路货运联系的系统研究. 地理科学,1991,11(1):19～29.
[108] 金凤君,王姣娥. 20 世纪中国铁路网扩展及其空间通达性. 地理学报,2004,59(2):293～302.
[109] 金杉,戴特奇. 1990 年代中国城际铁路集装箱运输网络空间演变. 经济地理,2008,28(4): 583～587.
[110] 柯建民,陈森发. 中心地理论的进一步探讨. 城市规划,1986,(4):26～32.
[111] 李晶. 专业市场与产业集群发展——对汉正街都市工业区发展的思考. 硕士论文. 武汉:武汉大学,2004.
[112] 李立文. 传统批发市场发展现代物流模式探讨. 物流技术,2007,26(3):24～27.
[113] 李绍明. 日本美国的批发商业. 江苏商论,1991(11):44～46.
[114] 李文博,张永胜. 浙江轴辐式现代物流网络构建的实证研究. 经济地理,2011,31(8):1335～1340.
[115] 刘文刚. 广州市站西路钟表专业批发市场物流现状与发展研究. 特区经济,2007(8):42～44.
[116] 李喆,王倩. 农产品批发市场选址指标权重研究. 物流技术,2010(12):103～106.
[117] 廉晓梅. 我国人口中心、就业中心与经济重心空间演变轨迹分析. 人口学刊,2007(3):23～28.
[118] 梁进社. 经济地理学的九大原理. 地理研究,2008,27(1):75～84.
[119] 梁双波,曹有挥,曹卫东等. 长三角集装箱港口体系的偏移增长与演化模式. 地理科学进展,2008,27(5):95～120.

[120] 林耿，阎小培. 广州市商业功能区空间结构研究. 人文地理，2003，18(3)：37～41.
[121] 林耿，许学强. 广州市商业业态空间形成机理. 地理学报，2004，59(5)：754～762.
[122] 林耿，周锐波. 大城市商业业态空间研究. 北京：商务印书馆，2008.
[123] 林耿. 地理区位与权力——以广州市×市场为例. 地理研究，2011，30(9)：1577～1591.
[124] 刘军. 整体网分析讲义：UCINET 软件使用指南. 上海：格致出版社，2009.
[125] 刘婷婷，林涛. 批发式商业区位选择研究. 中国集体经济，2008(5)：26～27.
[126] 娄建红. 汉代广州与海上丝路——探究广州在海上丝绸之路中的地位和作用. 人民论坛，2012(2)：138～139.
[127] 陆大道. 区域发展及其空间结构. 北京：科学出版社，1998.
[128] 陆立军. 产业集聚、动态外部性与专业市场发展——来自浙江省义乌市的证据. 开发研究，2009(4)：17～21.
[129] 陆玉麒. 区域发展中的空间结构研究. 南京：南京师范大学出版社，1998.
[130] 罗家德. 社会网分析讲义. 北京：社会科学文献出版社，2010.
[131] 罗莎琳. 中大纺织商圈升级质变在即. 信息时报，2011 年 5 月 6 日，D5 版.
[132] 吕拉昌，阎小培. 现代物流经济与经济地理学. 地域研究与开发，2003，22(2)：5～7.
[133] 马健平. 现代物流配送管理. 广州：中山大学出版社，2001.
[134] 迈克尔·波特著，刘宁等译. 竞争论. 北京：中信出版社，2009：182～244.
[135] 缪兴锋. GIS 在物流配送应用中的研究. 物流技术，2005(1)：53～55.
[136] 莫星，千庆兰，郭琴等. 广州市运输型物流企业空间分布特征分析. 热带地理，2010，30(5)：521～527.
[137] 牛慧恩，陈璟. 物流用地与物流园区. 规划师，2001，17(2)：18～20.
[138] 牛文元. 理论地理学. 北京：商务印书馆，1992.
[139] 欧开培，肖怡. 中国批发市场的困境与出路. 北京：中央编译出版社，2007.
[140] 欧开培，肖怡. 从产业集群发展视角看广东专业市场转型. 商业时代，2008(22)：100～102.
[141] 潘裕娟，曹小曙. "钻石理论"与区域中心城市的物流业分析. 城市观察，2009(2)：146～154.
[142] 潘裕娟，曹小曙. 城市物流业的基本—非基本经济活动分析——以广州市为例[J]. 经济地理，2011，31(9)：1483～1488.
[143] 潘裕娟，曹小曙. 广州批发市场的供应物流空间格局及其形成机制研究. 地理学报，2012，67(2)：179～188.
[144] 潘裕娟，曹小曙. 广州批发市场的销售物流网络空间研究——基于基本—非基本经济活动视角. 人文地理，2012，27(1)：92～97.
[145] 千庆兰，陈颖彪，李雁等. 广州市物流企业空间布局特征及其影响因素. 地理研究，2011，30(7)：1254～1261.

[146] 乔均,储俊松. 我国批发市场的现状物流探析. 市场周刊(理论研究),2006(2):3～5.
[147] 尚慧丽. 重塑批发业在中国经济发展中的重要地位. 商业研究,2007(6):5～7.
[148] 沈光耀. 中国古代对外贸易史. 广州:广东人民出版社,1985.
[149] 沈玉芳,王能洲,马仁锋等. 长三角区域物流空间布局及演化特征研究. 经济地理,2011,31(4):618～623.
[150] 石忆邵. 市场群落理论及其在中国的实践. 城市规划汇刊,2001(1):18～22.
[151] 石忆邵. 中国商品交易市场的空间分布. 世界地理研究,2005,14(1):34～40.
[152] 石忆邵,张雪伍. 中国亿元商品交易市场的集中化与专业化空间态势. 地理学报,2008,63(4):386～394.
[153] 谭成文,杨开忠. 京津第三产业分工协作特征. 经济地理,1999,19(6):55～61.
[154] 汤宇卿. 城市商品流通中的交通运输研究. 城市规划汇刊,1996(4):22～30.
[155] 汤宇卿. 国际物流中心规划探析——以义乌市浙中国际物流中心规划为例. 城市规划汇刊,2002(2):10～13.
[156] 汤宇卿. 城市流通空间的发展趋势与规划布局研究. 上海:同济大学出版社,2007.
[157] 王成金,韩增林,王丽华等. 试论环渤海港口运输体系的形成与演化. 中国港口,2001(7):19～20.
[158] 王成金. 中国港口分布格局的演化与发展机理. 地理学报,2007,62(8):809～820.
[159] 王成金. 中国物流企业的空间组织网络. 地理学报,2008,63(2):135～146.
[160] 王成金. 1950 年代以来中国铁路物流的交流格局及演变特征. 地理科学进展,2008,27(1):46～55.
[161] 王成金. 城际交通流空间流场的甄别方法及实证——以中国铁路客流为例. 地理研究,2009,28(6):1464～1475.
[162] 王成金,莫辉辉,王娇娥. 中国煤炭资源的流动格局及流场规律研究. 自然资源学报, 2009,4(8):1402～1411.
[163] 王成金. 城际集装箱交流枢纽的识别及其物流特征——以中国铁路运输为例. 地理学报,2010,65(10): 1275～1286.
[164] 王成金,César Ducruet. 现代集装箱港口体系演进理论与实证. 地理研究,2011,30(3):397～410.
[165] 王鹤,刘幸. 节前水果销路旺批发市场有些堵. 广州日报,2011 年 9 月 9 日,AII1 版.
[166] 王施益. 专业市场区位研究——以杭州市专业市场群为例. 硕士论文. 杭州:浙江大学,2010.
[167] 王淑琴,陈峻,王炜. 长三角物流园区一体化规划探讨. 城市规划汇刊,2004(3):54～56.
[168] 王先庆. 广州批发业发展需解决现存问题. 中国市场,2008(47):46～47.

[169] 王先庆. 广州流通发展报告(2007～2008). 北京:社会科学文献出版社,2008.
[170] 王新哲,王颖. 基于优势及特定服务对象的物流园区规划. 城市规划学刊,2005(5):61～67.
[171] 王永刚. 从荷兰、美国、日本花卉物流交易体系看我国的差距. 江苏商论,2010(7):71～73.
[172] 王之泰. 引导“物流热”发展现代物流. 经济界,2001(3):40～41.
[173] 魏颖. 广州市传统批发市场的发展及整合研究. 特区经济,2008(3):39～40.
[174] 吴清一. 现代物流概论. 北京:中国物资出版社,2003.
[175] 吴松. 水产品批发市场的经营策略及其物流规划研究. 硕士论文. 武汉:武汉理工大学,2006.
[176] 吴威,曹有挥,曹卫东等. 长江三角洲公路网络的可达性空间格局及其演化. 地理学报,2006,61(10):1065～1074.
[177] 吴威,曹有挥,曹卫东等. 开放条件下长江三角洲区域的综合交通可达性空间格局. 地理研究,2007,26(2): 391～402.
[178] 吴威,曹有挥,曹卫东等. 区域高速公路网络构建对可达性空间格局的影响——以安徽沿江地区为实证. 长江流域资源与环境,2007,16(6):726～731.
[179] 吴郁文,谢彬,骆慈广等. 广州市城区零售商业企业区位布局的探讨. 地理科学,1988(3):208～217.
[180] 夏春玉. 现代物流概论. 北京:首都经济贸易大学出版社,2004.
[181] 夏春玉,张闯. 城市流通系统:研究现状与一个综合性框架. 当代经济科学,2006,28(3):89～95.
[182] 夏春玉. 城市批发流通系统的空间结构与城市的层级关系——以日本为例. 商业经济与管理,2006,181(11):3～10.
[183] 肖怡. 广州批发市场对现代流通功能的不适应及其发展对策. 广东商学院学报,2005(1):63～67.
[184] 肖怡. 中心城市批发市场竞争态势研究:以广州批发市场为例. 商业经济文荟,2006(6):9-12.
[185] 谢涤湘,魏清泉. 广州大都市批发市场空间分布研究. 热带地理,2008,28(1):47～51.
[186] 谢五届,李海建. 苏州市城市物流空间格局及物流企业发展路径. 世界地理研究,2005,14(2):51～56.
[187] 香川敏幸,孙前进. 日本流通业发展的历史背景和政府作用. 中国流通经济,2003(6):9～12.
[188] 修春亮,赵映慧,宋伟. 1990 年以来东北地区铁路运输的空间极化. 地理学报,2008,63(10):1097～1107.
[189] 徐臣攀,花卉. 试论西安服饰批发市场与现代物流的整合——以西安康复路服饰批

发市场为例. 物流工程与管理,2011,33(2):16～18.
[190] 徐建,曹有挥,孙伟. 基于公路运输成本的长三角轴—辐物流网络的构建. 地理研究,2009,28(4):911～919.
[191] 徐放. 北京市的商业服务地理. 经济地理,1984(1):40～46.
[192] 徐印州,周颖. 对我国批发市场未来发展的思考. 南方经济,2003(3):70～72.
[193] 续秀梅. 对我国批发业物流发展的探讨. 特区经济,2004(8):111～114.
[194] 许学强,周一星,宁越敏. 城市地理学. 北京:高等教育出版社,1997.
[195] 晏宗新. 商品流通:空间结构分析语优化. 当代经济科学,1999(3):81～84.
[196] 阎小培,许学强. 广州城市基本—非基本经济活动的变化分析——兼释城市发展的经济基础理论. 地理学报,1999,54(4): 299～308.
[197] 杨进,林晓丽,叶平生. 批发市场将调整清理或搬迁. 广州日报,2011 年 3 月 30 日,A6 版.
[198] 杨开忠. 北京经济基础的基本特点与变化趋势. 地理学报,1997,52(6):481～490.
[199] 杨强,单单. 浙江传统制造业群与专业市场互动发展研究. 商业研究,2005(13):142～145.
[200] 杨兴柱,顾朝林,王群. 南京市旅游流网络结构构建. 地理学报,2007,62(6):609～620.
[201] 姚力鸣. 日本的流通现代化. 商业时代,1985(6):57～61.
[202] 叶春,王为. 广州和深圳城市发展的经济基础比较研究. 热带地理,2004,24(4):366～370.
[203] 俞菊生. 日本的农产品物流和批发市场. 上海农村经济,2003(4):43～44.
[204] 于艳红. 农产品批发市场与现代物流的整合. 商场现代化,2011(1):61～63.
[205] 曾敏妍. 一德路,乜都有. 羊城晚报,2011 年 7 月 7 日.
[206] 曾昭璇,曾新,曾宪珊. 论中国古代以广州为起点的“海上丝绸之路的发展”. 中国地理论丛,2003,18(2):66～77.
[207] 袁丁. 五羊新城单行道有人划无人管. 南方日报,2011 年 8 月 30 日,GC06 版.
[208] 张春生. 关于培育和发展我国批发市场的研究(上). 改革与开放,1997(4):4～7.
[209] 张春生. 关于培育和发展我国批发市场的研究(下). 改革与开放,1997(5):7～9.
[210] 张富强. 广州商业文化的近代化及其特点. 学术研究,1996(3):50～52.
[211] 张华,梁进社. 北京“基本部分”测算的经验研究——以区位商法和投入产出分析为基础. 经济地理,2004,24(6): 816～825.
[212] 张建华. 现代商品流通学. 长春:吉林大学出版社,2005.
[213] 张莉,陆玉麒. 基于陆路交通网的区域可达性评价——以长江三角洲为例. 地理学报, 2006,61(12):1235～1246.
[214] 张娜. 西安市批发市场空间布局研究. 硕士论文. 西安:西北大学,2006.
[215] 张立中. 批发市场学. 北京:中国物资出版社,1993.

[216] 张文尝. 工业基地交通运输布局问题. 地理学报,1981,36(2):157～170.
[217] 张文尝,金凤君,唐秀芳. 空间运输联系的分布与交流规律研究. 地理学报,1994,49(6):490～499.
[218] 张文忠. 经济区位论. 北京:科学出版社,2000.
[219] 张岩. 日本流通结构变化研究. 国外理论动态,2007(6):51～54.
[220] 张洋,李玉增. 专业商品批发市场持续发展的对策分析——以临沂市商业批发市场为例. 四川师范大学学报(自然科学版),2001,24(2):201～204.
[221] 张永仲,白劲宇. 公共物流区空间规划探析——以北京公共物流区空间规划研究为例. 城市规划,2010(11):31～39.
[222] 张芝刚. 专业市场的经济学分析. 硕士论文. 苏州:苏州大学,2009.
[223] 赵焕庭. 广州是华南海上丝绸之路最早的始发港(I). 热带地理,2003,23(3):294～298.
[224] 赵剑. 以批发市场为中心的蔬菜物流发展模式研究——以四川彭州为例. 农村经济,2010(7):116～118.
[225] 赵媛,郝丽莎. 20 世纪末期中国石油资源空间流动格局与流场特征. 地理研究,2006,25(6): 753～764.
[226] 赵媛,郝丽莎. 我国石油资源空间流动的形成机制. 地理研究,2008,27(5):1027～1036.
[227] 赵媛,郝丽莎. 我国石油资源空间流动的地域类型分析. 自然资源学报,2009,24(1): 93～103.
[228] 赵媛, 牛海玲,杨足膺. 我国石油资源流流量位序—规模分布特征变化. 地理研究,2010,29(12):2121～2131.
[229] 宗会明,周素红,阎小培. 基于公司层面的物流网络组织——以南方物流公司为例. 地理科学,2009,29(4): 477～484.
[230] 周昌林. 论批发业物流竞争力. 经济问题,2004(6):31～33.
[231] 周春山,罗彦,尚嫣然. 中国商业地理学研究的回顾与展望. 地理学报,2004,59(6):1028～1036.
[232] 周霞. 广州城市形态演进. 北京:中国建筑工业出版社,2005.
[233] 周一星. 主要经济联系方向论. 城市规划,1998(2):22～25.
[234] 周颖. 美国批发企业供应链管理的启示. 上海商业,2004(Z1):96～98.
[235] 周正庆. 清代的一口通商及此间的对外贸易问题. 历史教学,2000(6):48.
[236] 朱建成,刘国栋. 区域商贸物流发展模式与对策研究. 商业时代,2009(34):19～22.
[237] 左正. 论广州港口与对外贸易的历史发展. 暨南学报(哲学社会科学),2002,24(5):39～46.